무조건 성공하는
지식산업센터 투자

무조건
성공하는
지식
산업
센터
투자

전희영(지원쌤) 지음

일에일북

 우리가 투자할 수 있는 부동산 투자상품은 종류도 다양합니다. 하지만 내가 경험해보지 못한 부동산에는 선불리 투자하기 어렵습니다. 그 대표적인 상품이 아마도 지식산업센터가 아닐까 싶습니다. 아파트나 상가와는 달리 주위를 둘러봐도 지신산업센터에 투자를 했다는 사람은 쉽게 찾아보기 힘들기 때문입니다.

 하지만 그런 걱정을 잠재울, 미치도록 꼼꼼한 투자자의 디테일한 투자전략서가 나왔습니다. 지식산업센터를 집요하게 파고들어 세세하게 알려주는 친절한 책입니다. 지식산업센터에 대해 하나도 모르는 사람들도 이 책을 다 읽을 즈음에는 지식산업센터의 매력에 빠져들어, 지식산업센터를 바라보는 관점이 달라졌음을 깨닫게 될 것입니다. 당장 하나쯤 사두고 싶은 마음이 들 수도 있습니다. 그만큼 지식산업센터가 근래 떠오르고 있는 매력적인 투자상품인 것은 확실합니다.

 시대의 흐름에 따라 투자에 적합한 상품으로 진화 중인 지식산업센터는 우리가 관심을 가지고 눈여겨봐야 할 상품입니다. 이 글을 쓰고 있는 저 또한 현재는 15년 된 강남의 한 건물에서 사무실을 빌려 이용하고 있습니다. 지리적인 조건 때문에 강남에 있지만 언제든 적합한 지식산업센터로 옮기기 위해 호시탐탐 기회를 노리고 있습니다. 임대료는 비슷하더라도 기존 건물보다 넓은 면적, 높은 층고, 공용공간의 쾌적성, 넉넉한 주차공간, 저렴한 관리비 등 장점을 상당히 많이 가지고 있으니까요. 당연히 수요가 점점 늘어날 수밖에 없습니다.

최근 송파구 문정동의 지식산업센터에 방문할 기회가 있었습니다. 인기 업무지구로 떠오른 문정동은 지식산업센터가 많이 모여 있는 곳입니다. 이곳에 근무하는 사람들은 20~30대의 젊은 직장인들이 대부분이었습니다. 거리는 활기가 넘치고 음식점들도 빈자리가 없을 정도로 장사가 잘되고 있었죠. 가산디지털단지가 지식산업센터의 가능성을 입증했다면 문정동 지식산업센터는 가능성을 넘어 신흥 업무지구로 도약했다고 할 수 있습니다. 초창기 공실이 많이 보이던 이곳이 이제는 핫플레이스가 된 것입니다. 지식산업센터의 가능성을 깨닫고 과감히 투자한 사람들은 지금 안정적으로 임대수익을 올리고 있습니다.

지금 지식산업센터 투자에 도전하세요. 일반매매든 경매든 투자 물건을 탐색하고 살펴봅시다. 그리고 지식산업센터 투자의 장점들을 십분 활용하세요. 대출이라는 레버리지를 적절히 활용하고 세제 혜택도 꼼꼼히 챙깁시다.

서울휘 배용환 _ 부동산클라우드 대표,

『서울휘의 월급받는 알짜상가에 투자하라』 저자

진작 나왔어야 할 책! 수익형부동산으로 각광받고 있는 지식산업센터에 투자하기 전 꼭 읽어야 할 필독서입니다. 자타공인 지식산업센터 전문가인 저자는 책 한 권에 투자방법부터 세금, 임대 및 관리법까지 알뜰하게 담았습니다. 특히 경매로 취득할 때 주의점과 최근 유망지역 정보는 독자를 성공투자로 이끌어줄 것입니다.

이현정 _ 『부동산 경매 무작정 따라하기』 저자

지식산업센터는 현금 흐름을 만드는 데 있어 아주 유용한 투자상품 중 하나입니다. 상가나 꼬마빌딩으로 바로 뛰어들기에 자금적·심리적으로 부담이 있는 투자자들에게 지식산업센터는 훌륭한 투자처가 될 수 있습니다. 안정적이면서도 높은 수익성을 기대할 수 있기 때문입니다. 이 책은 지식산업센터 투자의 모든 것을 보여줍니다.

시중에 지식산업센터 관련 전문가는 많습니다. 하지만 경험이 풍부한 투자자이면서 실전 교육을 할 수 있는 사람은 극히 드뭅니다. 저자 지원쌤은 그 몇 안 되는 이들 중 한 사람입니다. 그가 얼마나 열심히 투자를 해왔는지 알고 있기에 적극적으로 이 책을 추천합니다. 그간 지식산업센터에 대한 체계적인 투자법을 담은 책이 없었는데, 이제는 이 책이 지식산업센터 투자의 바이블이 될 수 있을 듯합니다.

유비 김수영_네이버카페 '젊은부자마을' 대표, 『월급쟁이 부자는 없다』 저자

지금까지 지식산업센터를 체계적으로 정리한 책은 없었습니다. 이 책은 주요지역 동향부터 분양, 경매, 임대과정, 세금까지 망라해 한 권에 담았기에 지식산업센터 투자를 준비하는 이들의 필독서가 될 것입니다. 10년 차 실전 투자자로서 아주 반가운 책이기도 합니다.

달천 정민우_『월급보다 월세 부자』 저자

당신의 미래에는
경제적 자유가 존재하는가?

○

나의 직장생활, 그리고 퇴사 이야기

처음 직장생활을 시작한 것은 2000년 3월로, 그 당시 우리나라는 1997년 IMF 구제 금융 사태 이후 실업자가 늘어나고, 취업하기가 쉽지 않은 상황이었다. 그런 시기에 삼성에 입사하게 된 것은 큰 행운이었고, 주위 사람들의 많은 부러움을 사기도 했다.

삼성에서 처음으로 했던 일은 휴대전화에 들어가는 부품을 만드는 일이었다. 엔지니어로서 열심히 일하며 하루하루를 보내고 있을 때, 문득

이런 생각이 들었다. "내가 이 일을 계속한다면 평생 엔지니어로서 전문가는 되겠지만, 더 큰 세상을 보면서 과연 살 수 있을까? 더 많은 사람을 만나고, 더 큰 세상을 경험하는 일을 해봐야겠다." 그래서 엔지니어 생활 4년 만에 회사의 구매 부서로 자리를 옮겼다. 그곳에서는 국내뿐만 아니라 해외의 많은 나라의 회사들과 거래를 했고 자연히 해외 출장도 많이 다녔다. 회사의 업무는 고됐지만, 많은 사람을 만나며 여러 업무를 배울수 있었기에 즐겁게 직장생활을 할 수 있었다. 그러다가 2009년에 LED 사업을 하는 삼성의 새로운 회사가 생기면서 나는 그 회사로 옮겼고, 눈코 뜰 새 없이 바쁜 생활을 하게 되었다. 쉬는 날 없이 일하며 심신이 지치자 또다시 회사생활에 고비가 오게 되었다.

직장생활을 처음 시작할 때 선배들이 했던 이야기가 회사생활을 하게 되면 처음 1년, 3년, 5년, 10년이 될 때 회사를 그만두고 싶은 생각이 드는데 그때를 잘 넘겨야 한다는 내용이었다. 그런데 내가 입사 후 10년이 되니 회사생활을 그만두고 싶은 생각이 든 것이다. "과연 내가 직장생활을 얼마나 더 할 수 있을까? 만약 50살까지 직장생활을 한다면 14년이 남았는데 그 이후에는 과연 무엇을 할 수 있을까? 먼저 직장을 그만두고 사업을 하는 선배들처럼 나도 사업을 하면 괜찮지 않을까?"

문제는 가정을 이루고 아이가 둘이나 있는데, 직장을 그만둔다면 당장

무슨 일을 해서 아내와 아이들을 먹여 살릴까 하는 것이었다. 선택을 해야 했다. 매달 어김없이 나오는 월급을 계속 받으면서, 반복되는 하루하루를 살아가다가, 나이가 들고 회사를 그만둘 것인가? 아니면 지금 당장은 어렵겠지만, 무엇인가 나만의 일을 새롭게 도전할 것인가?

주변 사람들과 이야기를 해보면 모두 다 같은 이야기를 했다. "야, 네가 삼성 안에 있으니 좋은 줄 몰라서 그렇지, 회사 그만두면 큰일난다." 먼저 회사를 나간 선배들의 이야기를 들어봐도 "야, 너 회사 그만두고, 사업하는 선배들 보면 좋을 것 같지? 다 빛 좋은 개살구다. 회사 안은 온실이고, 회사를 나오는 순간 정글이 펼쳐진다. 세상이 만만치 않으니 그냥 회사 다닐 수 있을 때 더 다녀라"라는 것이었다. 하지만 고민을 반복하다가 결국 1년 후에 회사를 그만두게 되었다. 회사를 그만두고 나는 선배들처럼 바로 개인사업을 시작했다. 돈이 없으니 우선 아는 사람의 사무실에 책상 하나를 얻어서 시작했다.

처음에는 국내의 전기·전자 관련 부품을 생산하는 중소기업 중 괜찮은 물건을 생산하는 업체에 찾아가서, 그 물건을 내가 팔아보겠다고 하고서 영업을 시작했다. 삼성에 있을 때 거래했던 회사들, 삼성에서 일할 때 만났던 많은 사람을 만나고 또 만났다. 하지만 삼성에 다닐 때와 회사를 나와서 그냥 개인일 때, 같은 사람을 만나서 이야기하는데도 태도는 완전히 딴판이었다. 삼성에 있을 때는 내가 바이어였지만, 삼성 밖에 있을 때는 그냥 힘없는 세일즈맨이었던 것이다.

그때 느꼈다. "아, 세상은 이런 것이구나. 이래서 먼저 회사를 나간 선배들이 바깥세상은 정글이라고 한 것이구나." 회사에 다닐 때는 모든 것을 회사가 책임져주었다. 무슨 문제가 생겨도 주위 부서와 동료들이 같이 해결해주었다. 이 사실을 깨닫고 동료들이 회사생활이 힘들다고 그만두고 싶다고 나에게 찾아와 이야기할 때 나는 선배들과 똑같이 이야기하게 되었다. "좋은 직장 다닐 수 있을 때까지 다니는 것이 정답이다. 그만두고 싶으면 미리 살길부터 준비하라고" 말이다.

○

내 월급의 가치는 얼마인가?

회사생활을 하면서 가장 좋은 것은 회사가 망하지 않는 한 매달 정해진 날에 월급이 꼬박꼬박 나온다는 것이다. 어찌 보면 마약과 같은 것일지도 모른다. 하지만 월급을 하찮게 봐서는 절대 안 된다. 월급이 200만 원인 사람이 있다면 과연 그 가치는 얼마나 될까?

내 사무실이 있는 건물의 1층 상가를 예로 들어보자. 이 상가의 면적은 전용 기준 7~10평 남짓이며, 월세는 200만 원 정도 한다. 그러면 과연 이 상가의 가격은 얼마나 할까? 1층인 데다 횡단보도가 있는 곳이라서 권리금이 4천만 원~5천만 원 붙어 있고, 매매가는 거의 6억 원이나 한다. 즉, 당신이 직장에서 200만 원을 월급으로 받고 있다면 부동산으로 쳤을 때 그 가치는 6억 원 이상이라는 이야기다. 월급으로 300만 원, 400만 원을 받는 사람들은 그만큼 더 큰 가치가 있다. 결코 적은 금액이 아니다. 우리가 잘 인식하지 못하고 있지만, 매달 꼬박꼬박 일정한 돈이 나오는 직장은 아주 큰 가치가 있다. 그렇기 때문에 현재 일하는 곳에 충실할 필요가 있다.

그렇다고 평생 직장만 다니라는 이야기는 아니다. 과거에는 60살까지 직장을 다닐 수 있던 시대였지만, 요즘 같은 환경에서는 내가 직장을 다니고 싶다고 하더라도 50살이 되기 전에도 그만두어야 하는 경우가 많아졌다. 그렇다 보니 요즘 청년들 사이에서 안정적으로 꾸준히 일을 하기 위한 공시족들이 넘쳐난다.

그럼 어떻게 해야 할까? 현재 직장생활을 하는 사람들은 우선 직장생활에 충실할 필요가 있다. 다만 직장을 그만두기 적어도 3년 전에는 부동산을 통해서 매달 일정 금액의 현금 흐름을 만들어야 한다.

나의 경우는 아무런 준비 없이 회사를 그만두고 사업을 시작해 고정적인 수입이 없다 보니 정말 힘들었다. 아이들을 키우고 가족이 기본적인 생활을 하기 위한 최소한의 고정 수입이 없었다. 사업이라는 것이 잘될 때는 잘되더라도, 안될 때는 언제 어떻게 힘들어질지 모르기 때문에 고정 수입은 중요하다.

사업을 시작하고 나서, 3년 후인 2014년도부터 부동산 투자를 시작한 이유도 바로 매달 고정적으로 나오는 현금 흐름을 만들기 위한 것이었다. 만약 내가 회사를 그만두기 3년 전부터 부동산을 통해서 매년 현금 흐름을 100만 원씩만 만들었다면 3년이면 300만 원이 되었을 것이고, 그 정도의 돈이 매달 들어오기만 했다면 심적 부담도 적고, 좀 더 마음의 여유를 가질 수 있었을 것이다.

●

매년 100만 원의 현금 흐름을 만들어라

왜 매년 100만 원씩 3년 동안 300만 원의 현금 흐름을 만들어야 할까? 2019년 통계청에서 발표한 가구당 월평균 소득을 보면 근로소득의 경우 320만 원으로 나타난다. 물론 여기에는 더 적게 받는 사람도 있고 더 많이 받는 사람도 있겠지만, 보통의 가구에서는 300만 원을 기준으로 생활한다는 것이다. 즉, 한 달에 300만 원만 있으면 기본적인 가정생활을 꾸려나갈 수 있다. 또한 요즘은 100세 시대라고 해서 우리의 노후는 각자 준비해야 하는 시기다. 그러면 은퇴 후에는 얼마의 돈이 매달 있어야 노후생활을 할 수 있을까?

'예상소득과 월 필요생활비의 차이' 그래프는 신한은행에서 2019년 발간한 '보통사람금융생활보고서'의 내용으로 50~64세 중 향후 3년 내 은퇴 예정자를 대상으로 조사한 자료다. 은퇴 후 우리에게 필요한 자금은 월평균 242만 원이지만 예상소득은 147만 원으로, 필요자금의 61%만 벌 수 있음을 보여준다. 이처럼 우리나라 은퇴자 대부분은 미리 준비하지 않으면 생활비가 모자라서 궁핍한 생활을 할 수밖에 없는 게 현실이다. 노후를 위해 미리 매달 필요한 생활비 이상의 현금 흐름을 만들어야 한다.

여러 가지 방법이 있겠지만, 부동산을 통해 매달 300만 원의 흐름을 만들 수 있다면 안정적인 노후생활이 가능하다. 부동산 투자를 처음 하는 사람에게 한 번에 300만 원의 현금 흐름을 만들라고 하면 쉽지 않다. 더욱이 직장생활을 다니면서 그 목표를 달성하기란 더더욱 어

가구당 월평균 소득

(단위: 천원, %, 전년동분기대비)

구분	금액				증감률		
	2018.1/4	2018.4/4	2019.1/4	구성비	2018.1/4	2018.4/4	2019.1/4
소득	4,763.0	4,606.1	4,826.3	100.0	3.7	3.6	1.3
경상소득	4,721.4	4,568.4	4,802.9	99.5	7.5	4.8	1.7
근로소득	3,204.7	3,114.7	3,220.8	66.7	6.1	6.2	0.5
사업소득	904.8	911.3	892.2	18.5	5.7	-3.4	-1.4
재산소득	22.3	19.4	16.5	0.3	3.4	4.9	-26.0
이전소득	589.6	523.0	673.4	14.0	19.2	11.9	14.2
비경상소득	41.5	37.8	23.4	0.5	-79.2	-55.3	-43.5
처분가능소득	3,767.4	3,652.2	3,748.0	-	0.3	2.1	-0.5

(자료: 통계청, 2019년 1/4분기 가계동향조사)

예상소득과 월 필요생활비의 차이

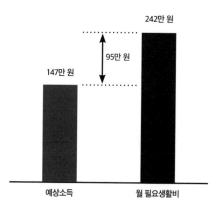

(자료: 신한은행, 보통사람금융생활보고서 2019)

렵다. 그렇지만 1년에 현금 흐름을 100만 원씩 만든다고 하면 충분히 가능한 목표다. 1년에 100만 원씩을 목표로 3년 정도만 꾸준히 부동산에 투자해서 퇴사 전에 300만 원을 만들기를 바란다. 40대에 시작해도 늦지 않았다. 40대에 시작해서 매년 100만 원씩 현금 흐름을 꾸준히 5년, 10년만 만들어도 45세가 되면 500만 원, 50세가 되면 1천만 원의 현금 흐름을 만들 수 있다.

부동산으로 1년에 100만 원씩 현금 흐름을 만드는 방법은 참으로 많다. 상가, 지식산업센터, 오피스텔 등 많은 종류의 수익형부동산에 투자하는 방법이 있다. 그러나 투자 시 가장 수익률이 높고, 관리가 편한 종류가 지식산업센터(구 아파트형공장)가 아닌가 한다. 아파트형공장이라고 하면 "일반인들이 공장에 투자할 수 있나요?"라고 물어보는 사람들이 많은데, 알고 보면 누구나 쉽게 할 수 있는 투자처가 바로 지식산업센터다. 이 책에서 지식산업센터에 대한 모든 것을 설명하려고 한다.

○
당신의 투자 목표는 무엇인가?

많은 사람들이 새해가 되면 일출을 보며 새해 계획을 세운다. 그러나 작심삼일이 되기 일쑤다. 왜 그럴까? 간절히 원하지 않기 때문이다. 나는 『꿈꾸는 다락방』이라는 책을 좋아해 즐겨 읽는다. 혹시 아직 이 책을 읽어보지 않은 사람들은 꼭 읽어보기를 권한다. 이 책에서 꿈과 목표를 이룬 사람과 그렇지 않은 사람의 차이는 바로 간절한 열망이 있는지 없는지의 차이라고 말한다. 어떤 일을 간절히 원하게 되면 우리는 그것을 이루기 위해 매일매일 생각하게 된다. 또한 생각에 그치지 않고, 원하는 것을 이루기 위해 방법을 찾고, 노력하고 행동하게 된다. 정말 원하는 일을 하게 되면, 한동안 잠을 안 자도 지치지 않고, 집중하게 된다. 그리고 꿈을 이루기 위해 포기하지 않고 도전한다. 그 결과 꿈이 이루어지는 것이다.

간절히 원하면 이루어지지 않는 일이 없다. 부동산 투자를 처음 시작할 때 잡은 목표가 있다. "나는 2~3년 동안 열심히 경매해서 500만 원 이상 월세를 만들 거야!" 그리고 "다른 사람들에게 부동산 투자에 대해서 강의를 할 거야!" 2년 후 어떻게 되었을까? 2016년 말에 목표를 초과 달성했고, 카페와 블로그를 통해서 내가 부동산에 투자한 이야기들을 공유하고 강의도 시작할 수 있었다. 2017년도 초에 내 강의를 들은 사람들 중 몇 명은 1년에 300만 원 이상의 월세를 만들어내기도 했다.

나도 그렇고, 그들도 모두 당신과 같다. 간절함과 목표를 가지고 있다면 곧 당신도 원하는 것을 이룰 수 있을 것이다. 목표와 꿈을 위해 다음과 같이 해보자.

1. "나는 ○년 후에 부동산으로 월세 ○○만 원을 꼭 만들 거야!"라는 목표를 정하고, 그 목표를 적어서 잘 보이는 곳에 붙인다. 그리고 그 목표를 매일 보면서 의지를 다진다.
2. 이 책에서 소개하는 여러 가지 투자 물건 및 방법 중 자신에게 맞는 방식을 골라 구체적으로 목표 달성을 위한 실행 방안을 적는다. (예: 나는 경매와 일반매매를 통해서 2020년도에 월세가 100만 원 나오는 지식산업센터 2채와 월세가 20만 원씩 나오는 아파트 2채를 꼭 사고 말 거야.)
3. 시간이 날 때마다 부동산에 대한 공부(책·블로그·카페 등)와 함께 현장답사를 통해 월세를 받을 수 있는 부동산을 매입한다.

이에 덧붙여 함께 해야 할 일들이 있다.

① 하루에 최소 1시간 이상은 부동산 공부를 한다.
 - 부동산 관련 책을 1달에 적어도 2권 이상 읽는다.
 - 부동산 카페에 가입해서 매일매일 새로운 정보를 찾는다.

- 부동산 관련 파워블로그들을 이웃추가 해서, 새로운 글들이 올라 오면 읽는다.

② 시간이 날 때마다 부동산 중개업소 및 관심 있는 물건들을 현장답사 하면서 파악한다(맨 처음은 사는 곳 근처부터 시작해서 반경을 넓히는 것 이 좋다).

③ TV나 게임 등 불필요한 일에 시간을 낭비하지 않는다.

이를 꾸준히 실행하면 분명히 당신의 목표는 어느샌가 달성되어 있 을 것이다.

PART 2

지식산업센터 투자 전 이것만은 알아두자

PART 3

무조건 성공하는 지식산업센터 실전 투자

PART 1

지식산업센터 투자는
도대체 무엇인가요?

최근 수도권 및 지방의 일부 집값이 많이 오르면서 재테크의 일환으로 부동산에 투자하는 사람들이 늘어났다. 수익형부동산으로 오피스텔, 상가 등에도 많이 투자하고 있지만, 지식산업센터는 용어도 생소하고 잘 모르는 사람들이 많다. 이번 파트에서는 지식산업센터의 정의와 특징, 장단점 등을 알아보고, 이에 덧붙여 우리가 잘 알고 있는 아파트와 비교해 자세하게 설명하고자 한다. 이번 파트를 통해서 지식산업센터의 기본적인 사항들에 대해서 잘 알 수 있을 것이다.

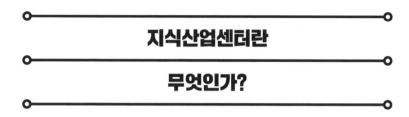

지식산업센터란 무엇인가?

지식산업센터란 무엇인가?

지식산업센터란 동일 건축물에 제조업, 지식산업 및 정보통신산업을 영위하는 자와 지원시설이 복합적으로 입주할 수 있는 다층형(3층 이상) 집합건축물로서 6개 이상의 공장이 입주할 수 있는 건축물을 말한다. 2010년 4월에 정보통신산업 등 첨단산업체의 입주가 증가하는 현실을 반영해 기존 '아파트형공장'이라는 명칭을 '지식산업센터'로 변경하고, 제조업 외에 지식산업 및 정보통신산업 등을 영위하는 자와 기업지원 시설이 복합적으로 입주하는 건축물로 재정의했다. 즉 「산업집적활성화 및 공장설립에 관한 법률」에 따라 아파트형공장의 법정용어는 지식산업센터다.

지식산업센터는 토지이용의 고도화, 관리운영의 효율화 등을 목적으로 산업 및 공업용지가 부족한 국가에서 활성화되어 있다. 한 건물에 많은 업체가 모여 함께 편의시설을 이용하고, 비슷한 업종과 비슷한 규모의 기업들끼리 필요한 정보나 교육 등을 공유할 수 있다. 작은 회사가 누리기 어려운 혜택을 모아서 공유하고 통일된 인프라가 형성되어 있으므로, 최근에 우리나라에도 굉장히 많이 건축되고 있다. 대표적으로 가산·구로디지털단지, 성남산업단지, 안양 군포, 동탄테크노밸리 등을 들 수 있다.

법적으로 지식산업센터에 들어갈 수 있는 시설은 다음과 같다.

① 제조업, 지식기반산업, 정보통신산업, 그 밖에 특정 산업의 집단화와
   지역경제의 발전을 위해 산업단지 관리기관 또는 시장, 군수, 구청장
   이 인정하는 사업을 운영하기 위한 시설
② 벤처기업을 운영하기 위한 시설
③ 그 밖에 입주업체의 생산활동을 지원하기 위한 시설로써 금융, 보험
   업시설, 기숙사, 근린생활시설 등의 시설

알기 쉽게 설명하면 실제 제품을 생산할 수 있는 공장, 사업 또는 스타트업의 사무실, 제품이나 서비스를 연구하는 연구실 정도로 보면 된다. 자세한 사항은 다음 법령을 참고하자.

지식산업센터 관련 법령

제36조의4(지식산업센터에의 입주)

① 법 제28조의5제1항제1호에서 "대통령령으로 정하는 사업"이란 다음

각 호의 사업을 말한다. 〈개정 2010. 7. 12.〉

1. **제6조제2항 및 같은 조 제3항**에 따른 지식산업 및 정보통신산업

제6조제2항

1. 「통계법」 제22조에 따라 통계청장이 고시하는 표준산업분류에 따른

연구개발업

2. 「고등교육법」 제25조에 따른 연구소의 연구개발업

3. 「기초연구진흥 및 기술개발지원에 관한 법률」 제14조제1항 각 호에

따른 기관 또는 단체(같은 법 제6조제1항제3호에 따른 대학은 다음 각 목의

요건을 모두 갖춘 대학이나 「대학설립·운영 규정」 제2조의7에 따라 산업단지

안에서 운영하는 대학만 해당한다)의 연구개발업

가. 법 제2조제8호의2에 따른 산학융합지구에 입주할 것

나. 건축연면적 2만제곱미터 이하일 것

다. 기업과의 공동연구를 위한 연구실, 연구개발을 위한 장비 지원시설

및 기업부설연구소를 위한 시설의 면적이 건축연면적의 100분의

50 이상을 차지할 것

4. 건축기술, 엔지니어링 및 그 밖의 과학기술서비스업

5. 광고물 작성업

6. 영화, 비디오물 및 방송프로그램 제작업

7. 출판업

8. 전문 디자인업

9. 포장 및 충전업

10. 다음 각 목의 어느 하나에 해당하는 교육서비스업

   가. 「근로자직업능력 개발법」 제2조제3호에 따른 직업능력개발훈련

     시설에서 운영하는 경우

   나. 제3호 각 목의 요건을 모두 갖춘 대학의 경우

   다. 「대학설립·운영 규정」 제2조의7에 따라 산업단지 안에서 운영하

     는 대학의 경우

11. 경영컨설팅업(재정·인력·생산·시장 관리나 전략기획에 관한 자문업무 및

    지원을 하는 기업체만 해당한다)

12. 번역 및 통역 서비스업

13. 전시 및 행사 대행업

14. 환경 정화 및 복원업

15. 영화, 비디오물 및 방송프로그램 제작 관련 서비스업

16. 음악 및 기타 오디오물 출판업

17. 시장조사 및 여론조사업

18. 사업 및 무형 재산권 중개업

19. 물품감정, 계량 및 견본 추출업

20. 무형재산권 임대업

21. 광고 대행업

22. 옥외 및 전시 광고업

23. 사업시설 유지관리 서비스업

24. 보안시스템 서비스업

25. 콜센터 및 텔레마케팅 서비스업

26. 「이러닝(전자학습)산업 발전 및 이러닝 활용 촉진에 관한 법률」 제 2조제3호가목에 따른 업(이 항 제7호, 제10호 또는 제3항 각 호에 따른 산 업을 경영하는 입주기업체가 운영하는 경우로 한정한다)

27. 「통계법」 제22조제1항에 따라 통계청장이 고시하는 표준산업분류 에 따른 그 외 기타 분류 안 된 전문, 과학 및 기술 서비스업으로서 관리기관이 인정하는 산업(이 경우 관리기관의 인터넷 홈페이지에 해당 산업을 게시하여야 한다)

제6조제3항

③ 법 제2조제18호에서 "정보통신산업"이란 정보의 수집·가공·저장·검 색·송신·수신 및 그 활용과 이에 관련되는 기기·기술·역무, 그 밖에 정보화를 촉진하기 위한 산업으로서 다음 각 호의 산업을 말한다.

1. 컴퓨터 프로그래밍, 시스템 통합 및 관리업

2. 소프트웨어 개발 및 공급업

3. 자료처리, 호스팅 및 관련 서비스업

4. 데이터베이스 및 온라인 정보제공업

2. 그 밖에 특정 산업의 집단화와 지역경제의 발전을 위하여 다음 각 목의 구분에 따라 지식산업센터에의 입주가 필요하다고 인정하는 사업

가. 산업단지 안의 지식산업센터의 경우: 법 제2조제18호에 따른 산업에 해당하는 사업으로서 관리기관이 인정하는 사업

나. 산업단지 밖의 지식산업센터의 경우: 시장·군수 또는 구청장이 인정하는 사업

② 법 제28조의5제1항제3호에 따른 입주업체의 생산활동을 지원하기 위한 시설은 다음 각 호의 시설로 한다. 다만 시장·군수 또는 구청장이나 관리기관이 해당 지식산업센터의 입주자의 생산활동에 지장을 줄 수 있다고 인정하는 시설은 제외한다. 〈개정 2010. 7. 12., 2011. 4. 5., 2011. 12. 8., 2017. 10. 31.〉

1. 금융·보험·교육·의료·무역·판매업(해당 지식산업센터에 입주한 자가 생산한 제품을 판매하는 경우만 해당한다)을 하기 위한 시설

2. 물류시설, 그 밖에 입주기업의 사업을 지원하거나 어린이집·기숙사

등 종업원의 복지증진을 위하여 필요한 시설

3. 「건축법 시행령」 별표 1 제3호 및 제4호에 따른 근린생활시설(면적제한이 있는 경우에는 그 제한면적범위 이내의 시설만 해당한다)

4. 「건축법 시행령」 별표 1 제5호에 따른 문화 및 집회시설 또는 같은 표 제13호에 따른 운동시설로서 산업통상자원부령으로 정하는 시설

5. 「건축법 시행령」 별표 1 제7호다목에 따른 상점(음·식료품을 제외한 일용품을 취급하는 상점만 해당한다)으로서 다음의 기준에 적합한 시설

   가. 산업단지 안의 지식산업센터에 설치하는 경우: 보육정원이 50명 이상인 어린이집(「영유아보육법」 제10조제1호에 따른 국공립어린이집은 제외한다)이 해당 지식산업센터에 설치(「영유아보육법」 제13조에 따라 어린이집의 설치인가를 받은 경우를 포함한다)되어 그 용도로 유지되고 있고 해당 상점의 건축연면적이 3천제곱미터(보육정원이 60명 이상인 경우에는 4천제곱미터) 이하인 시설

   나. 산업단지 밖의 지식산업센터에 설치하는 경우: 해당 상점의 건축연면적이 해당 지식산업센터에 설치되는 지원시설의 바닥면적 총합계의 100분의 10 이하인 시설

6. 「건축법 시행령」 별표 1 제14호나목2)에 따른 오피스텔(산업단지 안의 지식산업센터에 설치하는 경우로서 해당 산업단지의 관리기본계획에 따라 허용되는 경우만 해당한다)

③ 산업통상자원부장관은 법 제22조에 따라 산업단지에 지정되는 지식기반산업집적지구의 경우에만 제2항에도 불구하고 제29조에 따른

고시에서 정하는 바에 따라 그 허용면적을 확대하거나 지원시설을 추가할 수 있다. 다만 같은 업종의 시설 총면적은 지원시설 총면적의 100분의50(제2항제5호가목에따른상점이설치되는경우에는100분의 50에 해당 상점의 건축연면적을 더한 면적을 말한다)을 초과해서는 아니 된다. 〈개정 2011. 4. 5., 2013. 3. 23., 2015. 6. 30.〉

④ 제2항 각 호에 따른 입주업체의 생산활동을 지원하기 위한 시설의 총 면적은 다음 각 호의 범위 이내로 하여야 한다. 〈개정 2010. 7. 12., 2011. 4. 5., 2011. 12. 8.〉

1. 산업단지 안의 지식산업센터는 건축연면적의 100분의 20. 다만 해당 지식산업센터에 다음 각 목에 따른 어린이집(「영유아보육법」 제 10조제1호에 따른 국공립어린이집은 제외한다)이 설치(「영유아보육법」 제13조에 따라 어린이집의 설치인가를 받은 경우를 포함한다)되어 그 용도로 유지되고 있는 경우에는 지식산업센터 건축연면적의 100분의 10 이하의 범위에서 다음 각 목의 구분에 따른 면적을 100분의 20에 더한 면적으로 한다.

가. 어린이집의 보육정원이 11명 이상 21명 미만인 경우: 어린이집 건축연면적의 2배와 8백제곱미터 중 작은 면적

나. 어린이집의 보육정원이 21명 이상 50명 미만인 경우: 어린이집 건축연면적의 3배와 2천제곱미터 중 작은 면적

다. 어린이집의 보육정원이 50명 이상인 경우: 어린이집 건축연면적의 4배와 3천제곱미터 중 작은 면적

2. 산업단지 밖의 지식산업센터로서 다음 각 목에 해당하는 경우에는

   그 해당 범위

    가. 「수도권정비계획법」 제2조제1호에 따른 수도권 안의 지식산업센

       터: 건축연면적의 100분의 30

    나. 「수도권정비계획법」 제2조제1호에 따른 수도권 밖의 지식산업센

       터: 건축연면적의 100분의 50

⑤ 법 제28조의5제1항제1호에 따라 제조업을 하기 위한 시설을 설치할

   때 해당 지식산업센터가 산업단지 또는 공업지역이 아닌 지역에 위치

   한 경우에는 도시형공장(제34조제2호에 따른 도시형공장은 제외한다)의

   시설에 한정하여 이를 설치할 수 있다. 〈개정 2010. 7. 12.〉

⑥ 시장·군수 또는 구청장이나 관리기관은 지식산업센터에서 제조업을

   하는 입주기업의 부대시설 중 사무실 또는 창고를 그 지식산업센터

   건축물 내의 별도 구역에 설치하게 할 수 있다. 〈개정 2010. 7. 12.〉

[전문개정 2009. 8. 5.]

[제목개정 2010. 7. 12.]

주거용 주택과 지식산업센터는 어떤 차이가 있을까?

　주택과 지식산업센터의 차이는 주거용과 상업용 건물(상가)의 세금 차이로 보면 이해가 쉽다. 간단히 정리한 다음 페이지 표를 참고하자.

　취득세를 먼저 살펴보겠다. 주택의 경우는 취득세가 1.1%에서 3.5%였지만, 2020년 8월 12일 이후 다주택자와 법인의 경우는 취득세가 8~12%로 높아졌다. 지식산업센터는 일반 건물로 취득세가 4.6%로, 지금은 오히려 다주택자의 경우 주택 취득세가 월등히 높기 때문에 취득세 측면에서 지식산업센터가 더 유리한 편이다. 또한 지식산업센터를 직접 분양받아 사업 목적으로 사용하면 보통 취득세의 50%를 감면해준다. 또한 주택의 경우 일정 금액(6억 원, 1세대 1주택자는 9억 원) 이상 소유하면 종합부동산세가 부과되나, 지식산업센터는 종합부동산세가 없다.

　다음으로 양도소득세를 보겠다. 2021년 5월 31일까지는 주택의 경우 1년 미만 40%, 1년 이후 일반세율이 적용되나, 6월부터는 1년 미만

주거용 건물과 상업용 건물의 취득세 차이

구분		취득세	농어촌특별세	지방교육세	합계세율
6억 원 이하 주택	85m² 이하	1%	비과세	0.1%	1.1%
	85m² 초과	1%	0.2%	0.1%	1.3%
6억 원 초과 9억 원 이하 주택	85m² 이하	2%	비과세	0.2%	2.2%
	85m² 초과	2%	0.2%	0.2%	2.4%
9억 원 초과 주택	85m² 이하	3%	비과세	0.3%	3.3%
	85m² 초과	3%	0.2%	0.3%	3.5%
주택 외 매매(토지, 건물 등)		4%	0.2%	0.4%	4.6%
원시취득, 상속(농지 외)		2.8%	0.2%	0.16%	3.16%
무상취득(증여)		3.5%	0.2%	0.3%	4%

(자료: 국세청, 2019부동산과 세금)

주택 구입 시 취득세율

주택 수		2020년 8월 12일 이전	2020년 8월 12일 이후	
			조정대상지역	비조정대상지역
개인	1주택	주택 가액에 따라 1~3%	6억 원 이하: 1% 6억~9억 원: 1.1~2.99% 9억 원 이상: 3%	
	2주택		8%	1~3%
	3주택		12%	8%
	4주택 이상	4%	12%	12%
법인		주택 가액에 따라 1~3%	주택 수, 지역 구분 없이 일괄 12%	

(자료: 국세청)

양도세 기본세율

과제표준	기본세율	누진공제액
1,200만 원 이하	6%	-
1,200만 원 이하	15%	108만 원
1,200만 원 이하	24%	522만 원
1,200만 원 이하	35%	1,490만 원
1,200만 원 이하	38%	1,940만 원
1,200만 원 이하	40%	2,540만 원
1,200만 원 이하	42%	3,540만 원
1,200만 원 이하	45%	6,540만 원

다주택자 등 양도세 중과세율

구분		세율	
		2021년 5월 31일까지	2021년 6월 1일 이후
조정대상지역 소재주택	2주택자	기본세율+10%	기본세율+20%
	3주택 이상 자	기본세율+20%	기본세율+30%
	분양권	50%	1년 미만: 70% 1년 이상: 60% (조정대상지역내외 구분 없음)
주택보유기간별	1년 미만 보유 주택·조합원입주권	40%	70%
	1년 이상 2년 미만 주택·조합원입주권	기본세율	60%
	2년 이상 주택·조합원입주권	기본세율	기본세율
미등기 양도주택		70%	70%

70%, 2년 미만 60%의 세율이 적용된다. 이에 반해 지식산업센터는 1년 미만 50%, 1년 이상~2년 미만 40%, 2년 이후 일반세율이 적용된다.

주택은 다주택자의 경우 규제지역(조정지역·투기지역·투기과열지구)에서 10~30%가 중과세되지만, 지식산업센터는 지역에 상관없이 중과세가 없다. 최근 주택에 대한 규제가 심해지고 취득세, 종부세, 양도세 등의 부담이 커지면서 주택에 비해 세금 변동이 없는 지식산업센터에 사람들의 관심이 더욱 커지고 있다.

주택의 경우 아직은 사업자가 필요 없을 수도 있지만, 지식산업센터는 자기 사업을 하거나 임대사업 시 반드시 사업자등록이 필요하다. 직장에 속해 있지 않은 사람들은 사업자가 되므로, 발생 수입에 따라서 4대보험이 부과될 수 있다. 주택은 2019년부터 연 2천만 원 이하는 분리과세 14%가 부과되지만, 지식산업센터와 같은 상업용 건물은 단 1원이라도 종합소득세에 합산된다.

○

투자 Q&A

일반인도 투자할 수 있나요?

지식산업센터라고 하면 생소해 하는 사람들이 많다. 몇 년 전까지만 해도 지식산업센터 특강을 하면 신기하게 물어보곤 했다. 하지만 최근 주위에 분양 현장도 많이 보이니 "아, 그거!" 하는 사람들이 늘어났다. 지식산업센터는 공장 외에도 일반 회사의 사무실, 연구실로 많이 사용하다 보니 예전보다 일반화되어 있기도 하다. 지식산업센터는 일반인이 직접 사용할 수도 있고(사무실·연구실·제조공장 등), 투자도 가능한 부동산이다. 최근 3년간 지식산업센터 10여 개를 사서 임대수익으로 월 천만 원 이상 받고 있는 일반 투자자도 있다.

대출을 받아서까지 투자할 만큼의 수익률이 보장되나요?

요즘 주택은 규제지역(조정지역·투기지역·투기과열지구)의 경우 다주택자는 대출이 거의 나오지 않아서 투자하기가 힘들다. 막상 투자한 후 팔고 싶어도 양도세 중과로 대부분의 수익금을 세금으로 내야 하기 때문에 거래가 쉽지 않다. 하지만 지식산업센터는 일정 소득이 있고 신용등급이 불량 수준이 아니면 보통 분양가의 60~90%까지 대출받을 수 있다. 따라서 대출을 최대한 활용한다면 임대수익률이 많게는 15% 정도까지도 가능하다. 만약 경·공매를 이용해서 투자하면 일반 수익형부동산에 비교해서도 수익률이 굉장히 높다. 대출 후 투자수익률이 30~40% 정도 되는 물건들도 있다.

분양 광고가 많던데 분양받아도 되나요?

부동산 투자라는 것이 모두 그렇지만, 무조건 앞뒤 안 가리고 투자하면 위험성은 있다. 무엇보다 옥석을 가리는 것이 중요하다. 다만 최근 몇 년 동안 분양했던 지식산업센터 대부분이 수천만 원의 프리미엄이 붙었다. 지금도 입지, 규모, 입주물량 등을 잘 따져서 분양받는다면 충분히 수익을 낼 수 있다.

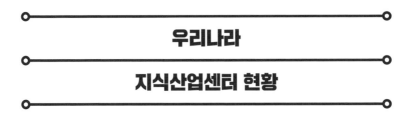

우리나라
지식산업센터 현황

지식산업센터 설립 현황

전국 지식산업센터는 2021년 2월 말 기준, 총 1,223개소로 건축연면적은 78,705천m², 부지면적은 9,839천m²다. 1개의 지식산업센터의 평균 건축연면적은 64,354m², 부지면적은 8,045m²로, 평균 800%의 용적률을 보이며, 고밀도 집적화된 입지 공급 형태를 보인다.

연대별 설립 현황 및 건축 규모

지식산업센터의 설립 현황을 보면 1990년대 이전은 10개소(건축연면적 138천m²), 1990년대 29개소(548천m²), 2000년대 285개소(10,081천m²),

지식산업센터 현황

(단위: 개소, 천m²)

구분	등록	승인	계
개소	811	412	1,223
부지면적	6,559	3,280	9,839
건축연면적	28,537	50,168	78,705

(자료: 팩토리온, 2021년 2월 말 기준)

연대별 지식산업센터 설립 현황(준공 기준)

(단위: 개소, 천m²)

구분	개소	연면적	부지면적
~1990년대	10	138	139
1991~2000년	29	548	182
2001~2010년	285	10,081	2,428
2011~2021년	312	11,188	2,009
합계	636	21,955	4,758

(자료: 팩토리온, 2021년 2월 말 기준)

2010년대 396개소(29,451천m²), 2021년 2월까지 312개소(11,188천m²)로 나타난다. 1980년대 후반부터 산업용지가 부족하고 지가가 높은 수도권 지역 중소 제조업체의 입지확보를 위해 아파트형공장으로 설립되기 시작했고, 이후 정부와 지방자치단체의 자금지원과 세금감면 등이 이루어지면서 2000년대 이후에 매우 증가했다.

표를 보면 2000년까지는 지식산업센터 1개소당 연면적은 18,896m²였고, 2010년 이후에는 35,371m²로 종전보다 연면적이 2배 정도로 늘어났다. 이 같은 급격한 연면적의 증가는 지식산업센터의 수요가 늘어났고, 자금력 있는 대형 건설사들이 많이 투자에 뛰어들어 지식산업센터의 대형화와 복합화로 추세가 변했기 때문이다.

지역별 지식산업센터 현황

(단위: 개, 천m², %)

구분	개소	비중	건축연면적	비중	부지면적	비중
경기도	545	44.56%	22,003,473	48.76%	4,664,607	47.40%
서울시	366	29.93%	14,143,807	31.34%	2,277,635	23.15%
인천시	76	6.21%	3,249,607	7.20%	632,819	6.43%
부산시	46	3.76%	998,142	2.21%	342,939	3.49%
대구시	33	2.70%	510,410	1.13%	254,521	2.59%
경상남도	25	2.04%	856,544	1.90%	374,462	3.81%
광주시	22	1.80%	500,035	1.11%	254,916	2.59%
충청북도	22	1.80%	318,351	0.71%	99,758	1.01%
전라남도	18	1.47%	431,123	0.96%	201,172	2.04%
대전시	15	1.23%	571,797	1.27%	137,787	1.40%
강원도	14	1.14%	226,965	0.50%	132,158	1.34%
전라북도	13	1.06%	397,143	0.88%	165,418	1.68%
경상북도	10	0.82%	174,294	0.39%	93,309	0.95%
충청남도	7	0.57%	256,846	0.57%	88,206	0.90%
울산시	6	0.49%	336,236	0.75%	67,716	0.69%
제주시	3	0.25%	71,703	0.16%	52,578	0.53%
세종시	2	0.16%	78,595	0.17%		0.00%
합계	1,223	100.00%	45,125,071	100.00%	9,840,001	100.00%

(자료: 산업단지공단, 기획연구 2017-03 산업단지 내 지식산업센터 관리개선방안, 미착공 포함, 2017년 6월 말 기준)

지역별 현황

다음으로 시도별 지식산업센터의 분포 현황을 살펴보자. 경기 545개소(22,003천㎡), 서울 366개소(14,143천㎡), 인천 76개소(3,249천㎡), 부산 46개소(998천㎡), 대구 33개소(510천㎡), 경남 25개소(856천㎡) 순으로 나타난다. 지식산업센터 수 기준 80.7%가 수도권에 분포하고 있다. 지방의 경우는 땅값이 싸고 주로 일반적인 제조업 위주이므로 지식산업센터보다는 일반 공장형태가 선호되기 때문에 지식산업센터는 수도권에 주로 분포한다.

서울은 금천구 가산동, 구로구 구로동 일대의 서울디지털산업단지, 성수동, 문정동, 영등포·당산, 마곡 중심으로 지식산업센터가 대규모로 개발 및 공급되고 있으며, 경기도는 성남시, 부천시, 시흥시, 화성시, 하남시 등의 기존 산업단지와 대규모 택지개발지구 내에 주로 개발 및 공급이 이루어지고 있다.

○

지식산업센터 거래 현황

지식산업센터는 주거용 건물과 달리 상업용 건물이기 때문에 국토부 실거래가 및 한국감정원에서 거래 현황 등의 세부 데이터를 제공하지 않는다. 따라서 기존 산업단지공단에서 발간한 보고서의 내용을 그대로 참고 및 기재했음을 밝힌다(산업단지공단, 기획연구 2017-03 산업단지 내 지식산업센터 관리개선방안).

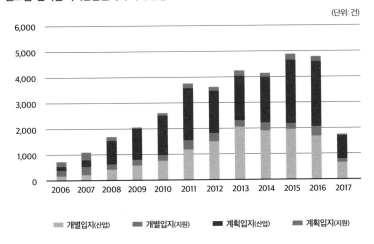

연도별·입지별 지식산업센터의 거래 현황

(단위: 건)

개별입지(산업)　　개별입지(지원)　　계획입지(산업)　　계획입지(지원)

거래 현황(건수)

최근 10년간 지식산업센터의 부동산 거래는 약 3만7천 건으로, 2006년 751건에서 2016년 약 5천 건으로 6.8배 증가했다. 지식산업센터의 급격한 증가와 함께 신규 공급물량의 증가에 따른 것으로 보인다. 2010년 이전까지는 3천 건 이하였던 거래건수가 2011년부터 연간 3천~5천 건 사이로 증가하고 있다. 최근 몇 년간은 지식산업센터를 수익형부동산으로 인식하는 투자자들의 관심이 늘어난 요인도 있다.

지역별 거래 현황

지식산업센터가 많은 수도권 지역(서울·인천·경기)에서 전체 거래건수의 약 91%(약 3만1천 건)가 이루어졌다. 서울은 개별입지 내 지식산업센터

지역별·입지별 지식산업센터의 거래 현황

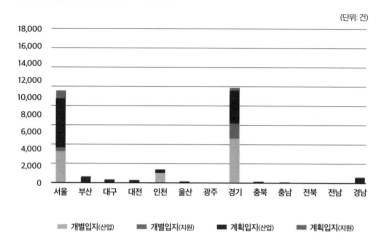

수량이 많음에도 불구하고 공급된 건축연면적이 많은 계획입지 내 거래량이 더 활발한 편이다.

지식산업센터의 거래 가격은 꾸준히 상승하는 추세다. 면적(m²)당 거래 가격의 평균가는 2006년 대비 2017년 약 100만 원 이상 상승해, 연평균 3.4%의 증가율을 보인다. 입지 유형과 용도에 따라 가격 상승률이 다른데, 계획입지보다는 개별입지가, 산업시설보다는 지원시설의 가격 증가율이 높게 나타난다[거래 가격 연평균 증가율: 산업 4.5%(계획 4.1%, 개별 5.1%), 지원 6.3%(계획 7.2%, 개별 6.0%)]. 2006년과 비교해 산업시설 용도와 지원시설 용도의 부동산 거래 가격 격차는 더욱 벌어지고 있으며, 지원시설의 평균 거래가는 2배 이상 상승했다[지원시설과 산업시설 가격 격차: (2006)604,985원/m² → (2017) 2,214,900원/m²].

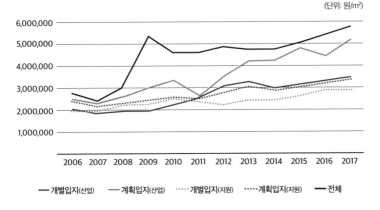

지식산업센터의 입지별·용도별 거래 가격 추이

(단위: 원/m²)

개별입지(산업) 계획입지(산업) 개별입지(지원) 계획입지(지원) 전체

지식산업센터 산업시설 용도의 경우 2011년 이후 계획입지보다 개별입지의 거래 가격이 더 높게 나타났으며, 지원시설 용도의 경우 개별입지보다 계획입지 내 평균 가격이 더 높게 형성되어 있다. 최근 공업지역이나 구도심 재개발(재정비) 수단으로 지식산업센터 건립이 활용되면서 개별입지 내 공급이 증가했으며, 재개발에 따른 지가상승이 영향을 미친 것으로 보인다. 전국의 공장용지 지가동향(지가지수)과 비교하면, 공장용지의 지가는 2006년 1월 대비 2017년 5월까지 약 25% 상승했다. 반면 지식산업센터의 연도별 평균 거래가는 같은 기간 약 45% 증가해 공장용지 지가와 비교하면 상승 폭이 크다.

지역별 거래 가격

전국의 지식산업센터 중 거래가 많이 발생한 지역의 가격을 분석한 결

주요 지역별 지식산업센터 매매가격 동향

(단위: 천원/㎡)

구분	개별입지			계획입지			지역별 평균가
	산업	지원	평균	산업	지원	평균	
서울	3,656	5,234	3,843	3,051	4,713	3,260	3,480
부산	866	881	866	2,827	7,219	3,176	3,034
인천	2,406	1,681	2,372	1,735	2,977	1,866	2,180
경기	2,479	2,956	2,597	1,839	2,938	1,921	2,333
경남	1,565	2,216	1,626	2,074	1,988	2,074	2,043
전국	2,887	3,422	2,987	2,443	4,087	2,609	2,784

*주: 2006년 이후 거래건수 900건 이상인 지역

과, 서울과 부산 지역이 전국 평균가보다 높게 나타났고, 그 외 지역은 평균 이하로 나타난다.

서울은 입지 유형을 불문하고 높은 가격대를 형성하고 있다. 계획입지의 산업시설 용도가 가장 낮은 가격임에도 불구, 서울 이외 지역의 지역별 평균 가격보다 높게 나타나고 있다. 특히 최근 도시 재개발 사업이 추진된 지역(송파구 장지지구, 성동구)의 지가 상승은 해당 지역 내 지식산업센터의 분양가 상승을 유발했다[지가지수(2016.12.1=100): (2006.1) 전국 81.39, 서울 77.44, 송파구 75.17, 성동구 72.44].

부산은 계획입지의 가격이 개별입지보다 월등하게 높게 나타났으나, 이는 입지 유형의 차이보다는 부산 내 지역 간 지가 차이로 보인다. 특히 높은 지가를 형성하고 있는 해운대구에 있는 지식산업센터 지원시설의 평균 가격은 전국 계획입지 내 지원시설 중에서 가장 높은 것으로 나타난다.

지식산업센터 투자는
어떻게 이루어질까?

지식산업센터의 투자방법도 다른 부동산 투자와 마찬가지로 3가지 방법이 있다. 일반 사람들이 쉽게 투자할 수 있는 아파트에 일반매매, 분양, 경·공매 등으로 투자할 수 있는 것과 같다.

① 투자방법 1: 일반매매

일반매매는 투자 목적에 따라서 자기가 원하는 지역의 지식산업센터를 용도에 따라서 골라서 선택한 후 돈을 지급하는 방법이다. 조건(수익률, 세가 맞추어져 있는)에 맞는 지식산업센터를 직접 보고 원하는 조건으로 살 수 있다는 장점이 있다. 또한 세입자가 있는 지식산업센터를 구매하는 경우 바로 월세수익을 얻을 수도 있다. 다만 현재 시세를 그대로 주고 사야 하므로, 초기에 투자금이 많이 들어갈 수 있다는 단점이 있다.

② 투자방법 2: 분양

최근 2~3년 동안 많은 수의 지식산업센터가 분양함에 따라서 분양을 받아 투자한 사람들이 많다. 지식산업센터의 분양도 아파트와 마찬가지로 계약금(전체 분양금액의 10~20%), 중도금(분양금액의 40~60%), 잔금(입주 시 분양금액의 20~50%)으로 정해져 있다. 초기에 적은 돈으로 계약금(1천만~2천만 원)만으로 투자할 수 있으며, 입주 전까지 높은 프리미엄 수익을 얻을 수 있다는 장점이 있다. 하지만 동시에 많은 수의 지식산업센터가 입주가 시작되면 투자 목적인 경우 세입자를 구하는 데 시간이 오래 걸리므로 입주 후 짧게는 3개월에서 1년의 기간을 공실이 될 수 있어 관리비 및 이자가 부담될 수 있다.

③ 투자방법 3: 경·공매

경·공매를 이용한다면 관련 지식 및 처리 방법을 잘 알고 있어야 하나, 대출 등에는 유리해 적은 금액으로 투자할 수 있다. 시세보다 싼 가격에 구매할 수 있어서 월세수익 및 양도차익도 함께 기대할 수 있으며, 일반 매매 또는 분양보다도 평균 10~20%의 대출이 가능해 투자금 또한 소액으로 가능하다. 하지만 권리문제, 전 소유주의 연체된 관리비 문제, 명도 문제 등으로 인해 처리에 오랜 시간과 비용이 들 수 있다. 충분한 공부 및 실전 연습이 필요하다.

지식산업센터가 유망 투자처로
주목받는 이유

O

지식산업센터의 5가지 매력

정부에서 잇따른 부동산 대책 발표(8·2대책, 10·24대책, 9·13대책)로 강력한 규제가 실시되면서 사실 일반 주택에 투자하기는 쉽지 않다. 그러다 보니 다양한 규제를 완화해주는 수익형부동산인 상가, 지식산업센터에 많이 투자한다. 그중에서도 지식산업센터에 투자자들이 몰리고 있는 이유를 살펴보자.

① 대출이 잘 나온다

지식산업센터는 기본적으로 제조업, 연구소, 벤처기업들이 주로 입주하는 곳으로 중소기업과 지역경제 활성화를 위해서 정부와 지자체에서 정책적으로 지원을 해주고 있다. 보통 분양가 또는 일반매매가의 60~80%까지도 대출받을 수 있으며, 경매로 시세보다 저렴하게 낙찰받는 경우에는 많게는 낙찰가의 90%까지 대출이 나오기도 한다. 규제지역이나 다주택자라 하더라도 상관이 없다.

다만 최근에는 기존에 대출이 아주 많거나 지식산업센터를 임대 목적으로만 투자하면 RTI 등의 규제를 받을 수 있어 일부 대출금액이 적어지기도 한다.

Tip
RTI(Rent to Interest)

부동산임대업이자 상환비율을 말한다. '연간임대소득의 70%/연간 이자비용'으로 계산된다. RTI 비율은 주택 1.25배, 비주택 1.5배로 적용된다.

---

② 세금 감면제도가 있고, 부가세 환급이 가능하다

지식산업센터를 최초 분양을 받아 직접 사용한다면 2022년 말까지 취득세 50%, 재산세 37.6% 등을 감면받을 수 있다. 또한 때에 따라서 법인세 감면 및 정책자금 지원 혜택도 누릴 수 있다. 과밀억제권역에서 과밀억제권역 밖으로 본사를 이전하는 법인의 경우 4년간 법인세 100% 감면 혜택을 주기도 한다.

오피스텔은 주거용으로 사용하게 되면, 분양 또는 일반매매 시 냈던 부가세를 환급받을 수 없다. 지식산업센터는 분양, 일반매매 시 건물분에 대한 부가세가 붙지만, 부가세의 경우 조기 환급 신청을 하거나 부가세 정산 시 환급이 가능하므로 투자금이 적게 들어간다.

③ 수익률이 높다

지식산업센터는 주택, 오피스텔, 상가와 비교하면 수익률이 높다. 일반매매의 경우 대출을 포함하지 않더라도 보통 4~7% 정도 수익률이 나오며, 대출을 받고 실제 투자금 대비 수익률을 따지면 10~20%까지도 가능하다. 만약 경매로 시세보다 저렴하게 낙찰받고 대출을 많이 받는다면 투자금 대비 수익률이 최대 20~50%까지도 나올 수 있다.

④ 가격이 일정하다

상가의 경우 1층이냐, 2층이냐, 3층 이상이냐 또한 전면에 위치해서 가시성이 좋으냐, 아니면 후면에 위치하고 있느냐에 따라서 매매 및 임대 가격이 높게는 몇 배까지 차이가 난다. 하지만 지식산업센터의 경우에는 층이나 방향에 따라 매매나 임대 가격의 차이가 10% 이내다. 즉, 아파트처럼 가격이 어느 정도 일정하므로 적정가격을 쉽게 알 수가 있다.

⑤ 가격대가 다양하며 소액 투자가 가능하다

지식산업센터는 한 건물에 다양한 평형대로 구성되고 있고, 지역에 따라서 여러 상품이 있다. 따라서 저렴한 물건은 1억 원 중반대부터 평수

에 따라 10억 원 이상까지 다양하므로, 각자 자금 상황에 따라서 선택
해 투자할 수 있다.

또 분양 시에는 계약금 10% 정도만 있으면, 건축 기간인 2~3년까지
중도금 무이자 대출 등으로 부담 없이 투자할 수 있다. 입주 시 집단대출
또는 정책자금 대출로 잔금 납부가 가능하므로 투자금이 적게 들어간다.
이처럼 다양한 평형 및 가격대가 있어서 소액으로도 투자가 가능하다.

○ 지금 투자해도 괜찮을까?

최근에 수도권 중심으로 지식산업센터 분양이 많아서 공급 과잉이라
는 이야기도 있다. 필자의 데이터 분석에 따르면 2015년 이후 지식산
업센터의 승인건수가 늘어났다. 2018년만 해도 2017년에 비해서 거의
30% 정도 증가했고, 2018년 이후 매년 100건이 넘는 지식산업센터가
지어지고 있다. 최근 들어 지식산업센터의 인기가 투자자들과 중소기업
에서 사이에서 높아짐에 따라서 대기업 건설사까지 집중적으로 시행 및
분양을 하기 때문이다. 이럴 때일수록 지식산업센터를 마구잡이로 분
양 또는 매매하는 것이 아니라, 좋은 선택을 할 수 있는 눈이 필요하다.

지식산업센터의 분양 및 입주물량은 많다. 지금은 무턱대고 투자하기
보다는 지역 및 입지와 상품 선택이 굉장히 중요하다. 더욱더 지식산업
센터의 선택 방법에 대한 고민이 필요한 시기다.

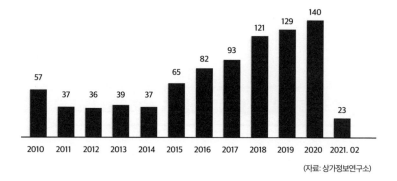

전국 지식산업센터 연도별 승인건수

연도	승인건수
2010	57
2011	37
2012	36
2013	39
2014	37
2015	65
2016	82
2017	93
2018	121
2019	129
2020	140
2021. 02	23

(자료: 상가정보연구소)

지금도 지식산업센터를 잘 골라서 투자한다면 다른 부동산에 비교해 많은 임대수익과 양도차익을 얻을 수 있는 곳이 많다. 지식산업센터의 지역, 입지, 상품 선택에 대한 방법은 다음 파트에서 세부적으로 알아보도록 하겠다.

PART 2

지식산업센터 투자 전
이것만은 알아두자

파트 1에서 지식산업센터에 대한 기본적인 사항에 관해서 설명했으며, 파트 2에서는 지식산업센터를 투자할 때 알아야 하는 여러 사항에 대해서 자세하게 정리하고자 한다. 우리가 잘 알고 있는 아파트는 여러 매체와 빅데이터 사이트, 스마트폰 앱 등을 통해서 손쉽게 원하는 모든 정보를 알 수 있지만, 지식산업센터는 이러한 데이터가 정리되어 있지 않다. 필자는 독자들에게 더욱 정확한 정보를 전달하기 위해 많은 시간과 노력을 들여서 수도권 주요지역의 지식산업센터의 현황 및 특징, 매매가, 임대가, 수익률 등을 정리했다. 이번 파트를 통해서 좋은 지식산업센터를 고르는 방법, 수도권의 지식산업센터에 대해서 한눈에 알 기회가 될 것이다.

지식산업센터 투자에는 얼마가 필요할까?

○

투자금액 대비 수익률을 계산해보자

지식산업센터 투자를 위해서 최소한 얼마나 있어야 할까? 이 부분은 자신에게 얼마의 투자금이 있는지, 얼마의 수익을 원하는지에 따라 천차만별이다. 경기도의 지식산업센터 중 섹션오피스의 분양가가 1억3,500만 원 하는 경우를 가정해보도록 하겠다. 투입금액은 대출 70~80%, 세입자 월세 1천만/50만 원 기준으로 계산하면 대략 2,400만~3,700만 원 정도의 투자금이 들어간다.

지식산업센터의 수익률 계산은 여느 수익형부동산과 같은 방법으로 계산하면 된다. 투자금액으로는 매매가 또는 분양가, 취등록세에서

수익률표 예시(평당가 625만 원 가정)

(단위: 원)

항목	대출 없음	대출 70%	대출 75%	대출 80%
전용면적	10.92평			
분양면적	21.63평			
매매가	135,187,500	135,187,500	135,187,500	135,187,500
취등록세(4.6%)	6,218,625	6,218,625	6,218,625	6,218,625
중개수수료 및 법무비	1,000,000	1,000,000	1,000,000	1,000,000
보증금	10,000,000	10,000,000	10,000,000	10,000,000
대출금액	0	94,631,250	101,390,625	108,150,000
실투자금액	132,406,125	37,774,875	31,015,500	24,256,125
월세	600,000	600,000	600,000	600,000
월 이자 (3.5% 기준)	0	276,008	295,723	315,438
월수익	600,000	323,992	304,277	284,563
연수익	7,200,000	3,887,906	3,651,328	3,414,750
수익률	5.44%	10.29%	11.77%	14.08%

세입자 보증금과 대출금액을 빼면 된다. 물론 실내 인테리어 비용 등이 들어갈 때 투자금액은 추가로 필요하다.

지식산업센터에 투자하기 위해서는 기본적으로 수익률표를 잘 만들어서 사전에 얼마를 투자해서 얼마의 수익을 낼 수 있는지 따져보아야 한다. 예시로 든 수익률표를 참고해 자신만의 수익률표를 만들어보자.

지식산업센터의 가격은 어떻게 형성될까?

지식산업센터는 상업용 부동산으로, 가격은 크게 3가지에 영향을 받는다.

첫 번째는 수요와 공급이다. 이는 모든 부동산에 똑같이 작용한다. 한 지역에 수요는 많은데 공급이 적으면 그 가격은 당연히 올라갈 수밖에 없다. 최근 몇 년 동안 서울지역 중에서도 성수동과 구로·가산디지털단지 지역의 지식산업센터 가격이 많이 오른 것도 수요보다 공급이 적었기 때문이다.

두 번째는 주변 지가 변동이다. 2017~2018년도에 서울지역 대부분의 지식산업센터가 전반적으로 가격 상승률이 굉장히 높았다. 주변 아파트 가격 및 지가가 큰 폭으로 상승했기 때문이다.

세 번째로는 투자 수요의 증가다. 부동산 투자자들 사이에서 지식산업센터가 수익률도 좋고, 규제가 적다는 인식이 퍼지면서 투자 수요가 많이 늘어났다. 이 때문에 수도권을 중심으로 지식산업센터가 분양물량이 늘어나고 프리미엄에 따른 연속적인 분양가 상승도 지속해왔다.

지식산업센터가 밀집된 한 지역의 건물별 임대·매매 가격을 보면, 그 차이가 대단히 큼을 알 수 있다. 그러면 지식산업센터의 가격 형성의 중요한 요소는 무엇일까? 다음 3가지로 요약할 수 있다.

① 교통: 지하철과 가까울수록 좋다

요즘 지식산업센터는 사무실·연구실·제조공장으로 많이 쓰이고 있으므로 상주인원이 많다. 주차공간은 한정되어 있으므로 직원 대부분은 대중교통을 이용해 출퇴근을 한다. 그래서 지식산업센터도 지하철역에서의 거리, 대중교통 이용의 편리성에 따라 한 지역에서도 많게는 2배 정도까지 가격 차이가 나게 된다.

② 지식산업센터 규모: 연면적이 클수록 좋다

요즘 짓고 있는 지식산업센터의 추세가 바로 대형화다. 최근에 건축 중인 지식산업센터의 경우 연면적이 무려 8만 평 가까이 되는 예도 있다.

그러면 왜 이렇게 지식산업센터의 규모를 크게 할까? 이유는 지식산업센터의 연면적이 클수록 편의시설(로비·휴게공간·주차장·상점)과 옥상공원 등의 공용시설을 더 크게 설치해 쾌적한 환경조성이 가능하기 때문이다. 이는 당연히 가격 상승에도 도움을 준다.

③ 전용률: 전용률이 낮을수록 좋다

전용률은 '분양면적 또는 계약면적 대비 실제 사용할 수 있는 전용면적이 차지하는 비율'을 말한다. 5~10년 전에 지었던 지식산업센터 대부분은 전용률이 55~65% 정도로, 실사용면적이 넓었다. 하지만 최근 짓는 지식산업센터는 대부분 전용률이 45~55% 정도로 크게 낮아졌다.

이렇게 전용률이 낮아지면 실사용면적이 적어 분양가와 매매가는 높아지나, 반대로 주차장, 공용시설, 편의시설의 면적이 넓어지기 때문에 실제 사용자의 만족도 역시 높아지게 된다. 그렇다 보니 전용률이 낮은 지식산업센터일수록 신축인 경우가 많고, 매매가도 그만큼 높게 형성된다.

지식산업센터의 가격에 관한 이야기는 지역별 지식산업센터의 특성 및 가격 현황 부분에서 자세히 다룰 예정이다.

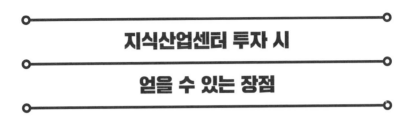

지식산업센터 투자 시
얻을 수 있는 장점

부동산 정책상의 이점

　현재 부동산 정책이 계속 이어진다면 주거용 부동산은 사기도 힘들고 팔기도 힘든 상황이다. 투기지역, 투기과열지구, 조정지역 지정으로 양도세 중과, 다주택자 대출규제, 종부세 상향 등 세금과 대출규제가 주를 이루고 있다. 자세한 부동산 규제 정책에 대해서는 다음 페이지 표를 참고하자. 계속되는 정부의 규제 정책으로 인해 최근 들어서는 수도권의 경우 거래량이 예년과 비교하면 40% 이하로 줄기도 했다.

　이에 반해 지식산업센터에 대해서는 2018년 3월 22일 산업통상자원부에서 각종 규제 완화책을 발표했다. 바로 '청년 친화형 산업단지를 조

현재의 부동산 정책

	정책	내용	비고
2017년	6·19 부동산대책	- 과열지역 선별적 대응을 위해 조정대상지역 선정 - 조정대상지역에 대해 전매제한기간 강화, LTV·DTI 강화, 재건축 조합원 주택공급수 제한 등의 정책 시행	수요억제
	8·2 부동산대책	- 과열지역(투기과열지구·투기지역)을 중심으로 투기수요 차단	수요억제
	10·24 가계부채 종합대책	- 차주 특성분석에 근거한 맞춤형 지원 - 총량 측면에서 리스크 관리(신DTI 및 DSR 도입)	수요억제
	11·29 주거복지 로드맵	- 생애단계별·소득수준별 수요자 맞춤형 지원 - 서민·실수요자를 위한 주택공급 확대	실수요자 지원/ 공급 확대
	12·13 임대등록 활성화	- 등록사업자에 대한 인센티브 확대	공급확대
2018년	2·21 재건축 안전진단기준 정상화	- 전문성 있는 공공기관이 참여해 안전진단	공급억제
	3·27 도시재생 뉴딜 로드맵	- 공적재원을 투입, 도심과 노후주거지 재생사업	공급확대
	6·4 부실시공 사업자 선분양 제한	- 부실업체 선분양제한 강화 및 감리비 사전예지제도 도입	공급억제
	7·5 신혼부부· 청년 주거지원	- 신혼부부·청년에 대한 공공주택 및 창업·보육시설 지원, 금융지원	실수요자 지원
	8·27 부동산대책	- 수도권 공공택지 추가개발 - 투기지역 및 투기과열지구 지정, 조정대상지역 지정 및 해제	공급확대/ 수요억제
	9·13 부동산대책	- 고가주택·다주택자에 대한 세율 인상 및 대출규제 수요억제	수요억제
	9·21 공급대책	- 수도권 주택공급 확대 및 신혼희망타운 조기 공급	공급확대
2019년	1·8 부동산대책	- 등록임대주택 관리	
	4·24 부동산대책	- 주거종합계획 발표, 비주택 거주 주거지원 강화	

2019년	5·7 부동산대책	- 3기 신도시 및 중소규모 택지 추가 지정	주택시장 안정화 방안 규제의 풍선효과
	8·12 부동산대책	- 민간택지 분양가 상한제	
	10·1 부동산대책	- 대출규제 강화	
	11·6 부동산대책	- 민간택지 분양가 상한제 시행(정비사업 6개월 유예)	
	12·16 부동산대책	- 종부세율 인상, 주택담보대출 강화(15억 원 이상 금지)	
2020년	2·20 부동산대책	- 조정대상지역 담보대출규제 강화	투기과열 지구 49 개, 조정 대상지역 111개
	5·6 부동산대책	- 공공재개발 활성화	
	6·17 부동산대책	- 조정대상지역 추가 지정, 법인 종부세율 인상	
	7·10 부동산대책	- 주택임대사업자 폐지, 다주택자 종부세율 인상	
	8·4 부동산대책	- 수도권 주택공급 확대, 공공정비사업 활성화	
	11·19 부동산대책	- 임대주택 공급 활성화	
2021년	2·4 부동산대책 (공급대책)	- 도심공공주택복합사업+소규모재개발: 30.6만 호 - 공공 직접시행 정비사업: 13.6만 호 - 도시재생 사업방식 개선: 3만 호 - 공공택지 신규 지정: 26.3만 호 - 단기주택 확충: 10.1만 호	공공주도 대도시권 주택공급 확대방안

(자료: 주택산업연구원, 주택시장 현황 분석 및 발전방안 모색 보고서)

성해 일자리 창출에 기여'다. 주요 내용을 살펴보면 다음과 같다.

- 신산업 유치, 창업공간 확충을 위해 지식산업센터 대폭 확대: 지식산
업센터의 지원시설 비중을 현재 20%에서 30~50%까지 확대하고, 산
업단지 내 주거용 오피스텔 입주를 허용하는 규제 완화를 추진한다.

전국에 지식산업센터를 대규모로 조성 및 지역 확대를 추진한다.

- 창업 초기기업 등에 대한 지원 강화를 위해 입지 제도 등 개선: 사업단
  자기네의 공장부지 최소분할 면적 기준을 폐지하고, 창업기업에 대해
  서 산업단지에 우선 입주권을 부여한다.

- 휴·폐업 공장 리모델링을 통한 저렴한 임대공장 제공 추진

- 청년들이 쉴 수 있는 편의공간 확충 등을 위한 제도를 개선: 지원시설
  구역 내 일부 업종을 제외하고, 자유로운 입주허용, 노후산단을 리모
  델링 시에는 공용 쉼터 확보를 의무화한다.

○

입주기업을 대상으로 한 세제 혜택

지식산업센터의 경우에는 정부와 지방자치단체를 중심으로 여러 세금 혜택을 주고 있으므로 많은 입주기업이 점차 늘어나고 있다. 지식산업센터는 요건을 충족할 경우 지식산업센터를 설립하는 사람이나 업체에 2022년 12월 31일까지 취득세의 35%, 재산세의 37.5%의 지방세를 낮춰주고 있다. 또한 2022년 12월 31일까지 최초로 지식산업센터를 분양받고 직접 사용하는 중소기업에 대해서는 취득세의 50%, 재산세의 37.5%를 감면해준다(2019년 세법개정안에서 3년 연장되었다).

※ 다만 지식산업센터 임대사업자에게는 혜택은 없다.

또한 일부 지역의 경우 과밀억제권역에서 과밀억제권역 밖의 지식산업센터로 이전 시에는 4년간 법인세 100% 감면 혜택도 주어진다. 이후

세제 감면 혜택

감면행위	세목	감면내역	비고
직접사용 신·증축 취득 분양 임대용 신·증축 취득	취득세	35% 경감	지방세 특례제한법 제58조2
사업시설용으로 직접사용, 취득	취득세	50% 경감	
직접사용, 분양, 임대	재산세	37.5% 경감	

에는 2년 동안 50% 감면해준다.

지식산업센터의 경우 입주기업에 정부의 정책자금도 지원을 해준다. 기술보증기금, 신용보증기금, 중소기업진흥공단 등의 정책자금을 통해서 저이율로 대출받을 수 있다. 따라서 보통 분양 시 10%의 자금, 입주 시 정책자금 대출을 한다고 했을 때 추가로 10% 정도의 자금만 있으면 입주가 가능한 곳도 많다.

10% 이하로 유지되는 공실률

상가의 경우는 지역과 위치 및 입지에 따라서 공실률이 20~30% 정도까지 되기도 한다. 이에 비해 지식산업센터는 입주 후 안정화 단계를 거치면 공실률은 보통 10% 이하로 유지된다. 다만 동시에 지식산업센터의 입주가 진행되는 곳은 최대 2년까지도 공실인 경우가 있으므로, 지식산업센터도 수요 및 입주물량을 반드시 확인해야 한다.

지식산업센터 주요지역 동향:
서울

2014년부터 2018년까지가 서울의 지가와 아파트 가격이 가장 많이 상승한 시기다. 지식산업센터도 마찬가지다. 서울지역 지식산업센터의 평균 가격은 2014년 500만 원대 후반이었던 것이 2018년 기준 820여만 원으로, 거의 60% 이상 올랐다. 그 이후에도 2020년 말 기준 평당 900만 원 수준까지 치솟고 있다. 그 이유를 살펴보면 크게 다음과 같다.

첫째, 지식산업센터를 지을 수 있는 토지 비용이 상승했다. 예를 들어 강서구의 경우 2~3년 전만 해도 지식산업센터를 지을 수 있는 부지의 가격이 평당(3.3㎡) 5천만~6천만 원 수준이었으나, 최근에는 8천만 원까지 치솟았다. 그러다 보니 평당 1천만~1,200만 원 수준이었던 평균 매매가는 최근 평당 1,500만~1,700만 원까지 올랐다.

둘째, 지식산업센터를 건축할 수 있는 부지의 공급이 감소했다. 서울의 경우 주로 준공업지역에 지식산업센터가 건축되고 있는데, 전체 면적의 3.3%정도밖에 안 된다. 그런데 최근 정부에서는 주택 공급 부족에 따라 준공업지역에 순환정비사업을 통해 주택을 공급하기로 하였다.

셋째, 인건비 및 자재비 등의 건축비 상승에 따른 분양가 상승이다. 토지 비용뿐만 아니라 인건비와 자재비 상승, 각종 편의시설 확대에 따른 건축 비용의 상승으로 주변의 매매가보다 300만~400만 원 이상 분양가가 상승하고 있으며, 이는 기존 지식산업센터의 가격도 끌어올리고 있다.

2020년 2월 기준 서울의 지식산업센터는 366개다. 서울의 주요 지식산업센터와 관련된 현황을 살펴보도록 한다.

◯

서울디지털국가산업단지

서울디지털국가산업단지를 살펴보자 흔히 '지밸리(G-Valley)'로 부른다. 1964년부터 1970년대 말까지 봉제·섬유·의류제조 산업단지로 시작해 1980년대 들어 전기·전자제조업으로 변해왔으며, 2000년 이후 서울디지털국가산업단지로 명칭을 변경하고 고부가가치 첨단산업, 정보지식성 산업, 대기업연구소, 벤처기업 등이 입주해 도시형 산업단지로 변모했다.

단지 규모는 면적 1,925천m²로 약 60만 평에 이른다. 1단지 451천m²

단지 규모

(단위: 천m²)

구분	계	산업시설	지원시설	공공시설	녹지	최종분양가격
1지구(구로)	451	319	64	68	0	7,716천원/평
2지구(금천)	388	266	58	64	0	7,179천원/평
3지구(금천)	1,086	857	72	157	0	7,904천원/평
계	1,925	1,442	194	289	0	7,591천원/평

업종별 입주 현황

(단위: 개)

구분	제조				비제조		계
	전기전자	섬유의복	기계	기타제조	정보통신	기타	
1단지 (구로)	597	216	106	217	1,456	749	3,341
2단지 (금천)	366	206	130	183	669	481	2,035
3단지 (금천)	1,457	321	458	652	2,142	1,611	6,641
계	2,420	743	694	1,052	4,267	2,841	12,017

(자료: 한국산업단지공단, 2020년 9월 기준)

지식산업센터 현황

(단위: 개)

구분	계	준공	건설 중	미착공	비고
1단지(구로)	42	41	0	1	
2단지(금천)	27	21	2	2	
3단지(금천)	84	60	17	7	
단지 외	15	13	2	-	
계	168	135	21	12	

(자료: 한국산업단지공단, 2020년 11월 기준)

(약 13만6천 평), 2단지 388천m²(약 11만7천 평), 3단지 1,186천m²(약 33만 평)로 구성되어 있다. 전체 1만1천여 업체가 입주해 있으며, 1단지 4,300여 업체, 2단지 1,700여 업체, 3단지 5천여 업체로 고용인원은 15만여 명이다.

단지별로 입주 업종을 보자. 1단지는 주로 지식서비스업으로 소프트웨어 개발 관련 업종이 전체의 46.2%를 차지하고 있고, 2단지는 섬유 및 의복 관련 제조·판매시설들이 많으며, 3단지는 가장 큰 단지로 지식기반 제조업 및 소프트웨어 개발 업체들이 주로 들어와 있다.

다음 지도를 보면 1~3단지 분포를 알 수 있다.

서울디지털국가산업단지 현황 지도

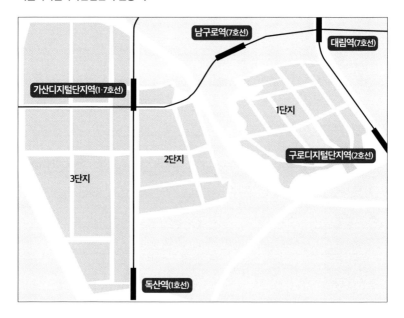

서울디지털산업단지 지식산업센터 현황

지식산업 센터명	준공일	대지면적(m²)	건축면적(m²)	대지면적(평)	건축면적(평)
(주)진도에프앤	20060711	8,054	46,984	2,441	14,237
IT미래타워	20070614	4,959	31,873	1,503	9,658
IT캐슬2차	20081230	2,575	18,307	780	5,548
IT프리미어타워	20110505	5,155	37,985	1,562	11,510
JEI PLATZ	20140106	12,987	98,282	3,935	29,782
LG아파트형공장	20160822	14,946	74,986	4,529	22,723
SJ테크노빌	20080708	14,457	99,821	4,381	30,249
SK V1센터	20190115	10,084	81,960	3,056	24,836
SK트윈테크타워	20020322	13,880	74,932	4,206	22,707
가산W센터	20190115	6,723	54,250	2,037	16,439
가산비즈니스센터	20111017	3,372	24,462	1,022	7,413
갑을그레이트밸리	20100701	9,031	64,470	2,737	19,536
남성프라자 (에이스테크노9차)	20080829	10,272	66,898	3,113	20,272
대륭테크노타운12차	20080714	11,867	88,013	3,596	26,670
대륭테크노타운13차	20080715	3,706	24,312	1,123	7,367
대륭테크노타운17차	20160229	7,963	66,235	2,413	20,071
대륭테크노타운18차	20161227	8,802	73,138	2,667	22,163
대륭테크노타운19차	20180205	10,476	79,680	3,175	24,146
대륭테크노타운20차	20190214	10,619	84,335	3,218	25,556
대륭테크노타운2차	20111028	4,959	27,374	1,503	8,295

대륭테크노타운3차	20011220	10,248	63,671	3,105	19,294
대륭테크노타운8차	20040623	11,977	74,868	3,629	22,687
대륭포스트타워5차	20100125	9,394	77,006	2,847	23,335
대륭포스트타워6차	20140331	13,213	99,970	4,004	30,294
더루벤스밸리	20111101	4,298	31,327	1,302	9,493
더스카이밸리	20190423	4,251	33,741	1,288	10,224
더스카이밸리 가산2차	20190221	3,869	29,972	1,172	9,082
디지털엠파이어	20110105	6,578	47,227	1,993	14,311
롯데IT캐슬	20060222	16,472	99,973	4,992	30,295
롯데센터	20141118	6,116	35,389	1,853	10,724
리더스타워	20050328	7,099	51,505	2,151	15,608
마리오-2패션타워	20101203	5,140	27,917	1,558	8,460
백상스타타워1차	20110215	4,271	27,862	1,294	8,443
벽산/경인디지털밸리2차	20030917	12,027	71,661	3,645	21,716
벽산디지털밸리5차	20060427	8,503	60,595	2,577	18,362
벽산디지털밸리6차	20090504	8,297	59,868	2,514	18,142
신한이노플렉스	20100305	2,480	17,782	752	5,389
알에스엠타워	20140102	4,877	32,547	1,478	9,863
에스티엑스브이타워	20101125	10,006	71,495	3,032	21,665
에이스가산타워	20190228	6,729	47,751	2,039	14,470
에이스테크노타워10차	20051115	8,380	43,370	2,539	13,142

에이스하이엔드 7차(주)	20150909	3,378	24,322	1,024	7,370
에이스하이엔드 8차(주)	20121105	6,404	45,096	1,941	13,665
에이스하이엔드타 워10차	20151229	6,694	48,606	2,028	14,729
에이스하이엔드타워 3차	20130111	12,106	89,558	3,668	27,139
에이스하이엔드타워 5차	20150909	3,306	23,723	1,002	7,189
에이스하이엔드타워 6차	20140901	8,054	59,084	2,441	17,904
에이스하이엔드타워 9차	20130111	5,916	42,082	1,793	12,752
엘리시아	20120326	3,349	21,994	1,015	6,665
우림라이온스밸리2차	20060816	9,747	64,000	2,954	19,394
월드메르디앙 벤처센터	20071129	9,647	63,439	2,923	19,224
월드메르디앙 벤처센터2차	20150717	10,284	65,085	3,116	19,723
이노플렉스1차	20110420	3,306	23,499	1,002	7,121
이앤씨드림타워8차	20090203	3,610	23,561	1,094	7,140
코오롱테크노밸리	20110111	4,258	25,704	1,290	7,789
파트너스타워	20100310	3,495	25,824	1,059	7,826
한국전자협동	20071206	5,620	17,527	1,703	5,311
한라시그마밸리	20100120	10,572	74,380	3,204	22,539
한신IT타워2차	20060310	4,817	30,489	1,460	9,239

호서대벤처타워	20091202	7,453	54,984	2,258	16,662
대륭테크노타운5차	20020708	4,939	27,037	1,497	8,193
대륭테크노타운6차	20030521	8,337	47,938	2,526	14,527
대륭테크노타운7차	20031204	2,691	14,545	815	4,408
대성디큐브폴리스	20121025	21,982	161,699	6,661	49,000
동일테크노타운	20010201	1,384	6,737	419	2,042
새한벤처월드	20010201	4,157	24,340	1,260	7,376
지산IT벤쳐센터	20021008	1,428	7,829	433	2,372
현대지식산업센터	20140320	22,740	175,265	6,891	53,111
JNK디지털타워	20120430	7,898	56,904	2,393	17,244
NHN KCP	20190315	2,975	14,831	902	4,494
대륭포스트타워1차	20080403	12,820	93,505	3,885	28,335
대륭포스트타워2차	20051215	10,305	77,413	3,123	23,459
대륭포스트타워3차	20070813	7,087	51,040	2,148	15,467
대륭포스트타워7차	20121228	6,086	49,587	1,844	15,026
드림마크원데이터센터	20181102	5,718	23,146	1,733	7,014
마리오디지털타워	20080122	11,936	74,102	3,617	22,455
벽산디지털밸리1차	20080911	5,520	34,122	1,673	10,340
벽산디지털밸리3차	20040730	5,689	38,580	1,724	11,691
벽산디지털밸리7차	20090626	3,660	25,438	1,109	7,708
삼성IT밸리	20070605	7,270	46,627	2,203	14,129
에이스테크노타워1차	20101202	5,584	34,233	1,692	10,374

에이스테크노타워2차	20001129	4,959	25,215	1,503	7,641
에이스테크노타워3차	20101013	6,488	38,080	1,966	11,539
에이스테크노타워5차	20190124	6,390	40,420	1,936	12,248
에이스테크노타워8차	20190225	6,778	42,352	2,054	12,834
에이스트윈타워(6,7차)	20100920	13,580	82,405	4,115	24,971
에이스하이앤드타워2차	20130111	6,740	43,023	2,042	13,037
에이스하이엔드타워	20051123	11,648	74,300	3,530	22,515
우림이비즈센터	20130415	9,382	60,133	2,843	18,222
우림이비즈센터2차	20050926	8,579	54,633	2,600	16,555
이-스페이스	20030715	6,186	38,116	1,875	11,550
이앤씨드림타워2차	20100623	7,081	47,419	2,146	14,369
이앤씨드림타워3차	20041112	4,846	32,213	1,468	9,762
이앤씨드림타워5차	20050203	3,037	19,966	920	6,050
이앤씨드림타워6차	20060609	4,986	32,987	1,511	9,996
지-하이시티	20181112	7,056	49,954	2,138	15,138
지플러스코오롱디지털타워	20130917	6,293	46,966	1,907	14,232
코오롱디지털타워빌란트	20040426	8,798	57,122	2,666	17,310
코오롱디지털타워빌란트2차	20070226	6,096	39,702	1,847	12,031
코오롱싸이언스밸리1차	20050912	5,841	40,160	1,770	12,170
코오롱싸이언스밸리2차	20061117	12,380	93,432	3,752	28,313

태평양물산 아파트형공장	20100901	6,320	46,467	1,915	14,081
한신IT타워	20101021	12,870	81,900	3,900	24,818
한화비즈메트로1차	20110316	7,435	53,853	2,253	16,319
구로대명밸리온 지식산업센터	20180920	4,346	38,462	1,317	11,655

(자료: 팩토리온 / 편집: 지원쌤)

서울디지털산업단지 내 매매 및 임대 가격 추이

부동산114에서 나온 리포트를 보면, 서울디지털산업단지(구로·가산)의 지식산업센터는 2015년부터 2018년까지 매매가가 50% 이상 상승한 것을 알 수 있다. 수도권 지가 상승과 지식산업센터의 신규 분양 증가에 따라 가격 상승에 영향을 받는 것으로 보인다.

구로·가산 지식산업센터 매매가격 추이

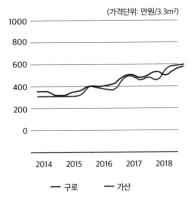

구로·가산 지식산업센터 임대가격 추이

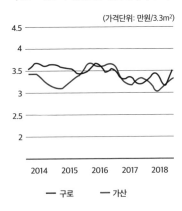

(자료: 부동산114, 상업용 부동산 분기 리포트 2018Q3)

다만 임대가는 매매가와 달리 오히려 떨어졌다. 이는 지식산업센터 공급 증가가 원인으로, 입주물량이 안정화되기까지는 시간이 좀 필요한 것을 알 수가 있다.

주요 지식산업센터 가격 및 수익률 현황

주요 위치별로 매매 및 임대 가격, 수익률을 살펴보면, 지식산업센터의 가격 형성 요인을 파악할 수 있다. 서울 디지털 산업단지는 크게 1, 2, 3단지가 있으나, 3단지의 규모가 가장 크고 지식산업센터의 수가 가장 많으므로, 3단지를 기준으로 살펴보고자 한다.

서울디지털산업단지 3단지는 크게 세 부분으로 구분할 수 있다. 첫째로는 가산디지털단지역(2호선·7호선)을 기준으로 윗부분이다. 이 구역에서는 가산디지털단지역과 가장 가까운 우림라이온스밸리와 2018년도에 입주한 SK V1 지식산업센터가 가장 가격이 높다. 우림라이온스밸리와 SK V1의 매매가는 1,100만~1,200만 원 수준이나, 위쪽으로 갈수록 800만 원 수준까지 떨어진다. 또한 공실률도 높아진다. SK V1 지식산업센터의 규모가 크고, 2018년 신규 입주가 되면서 위쪽 건물들에 있던 업체들이 많이 옮겨왔기 때문이다. 신규 지식산업센터의 초기 입주물량이 많은 경우 매매가는 연식과 입지에 따른 차이가 크지만, 임대가는 그 차이가 10% 안팎이므로 임차업체 입장에서는 지하철과 가깝고 편의시설이 많은 새 건물을 선호할 수밖에 없다.

둘째는 가산디지털단지역과 수출의 다리 사이 지역이다. 거리상으로는 그 아래 지역도 멀지 않은 편이나 수출의 다리가 지상으로 연결된 고

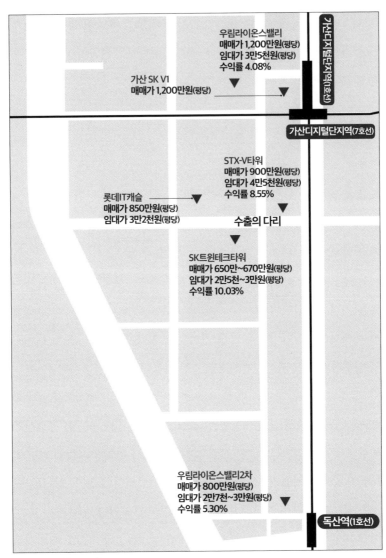

우림라이온스밸리
매매가 1,200만원(평당)
임대가 3만5천원(평당)
수익률 4.08%

가산 SK V1
매매가 1,200만원(평당)

가산디지털단지역(7호선)

STX-V타워
매매가 900만원(평당)
임대가 4만5천원(평당)
수익률 8.55%

롯데IT캐슬
매매가 850만원(평당)
임대가 3만2천원(평당)

수출의 다리

SK트윈테크타워
매매가 650만~670만원(평당)
임대가 2만5천~3만원(평당)
수익률 10.03%

우림라이온스밸리2차
매매가 800만원(평당)
임대가 2만7천~3만원(평당)
수익률 5.30%

독산역(1호선)

가산디지털단지역(7호선)

* 표시 수익률: 대출 80% 기준

가 다리이기 때문에 아래쪽과는 지역 단절 효과가 크다. 지도상으로 보면 수출의 다리 사이 하나로 위쪽은 평당 850만 원 아래쪽은 평당 650만 ~670만 원 수준으로, 기준 평당 150만~200만 원 차이가 난다.

셋째는 수출의 다리 아래쪽과 1호선 독산역 사이 지역이다. 독산역 인근은 800만 원이며 그 사이는 역과의 거리가 멀어질수록 가격이 내려가 평당 600만 원 수준이다.

지금까지 서울디지털산업단지 중 3단지의 위치별 지식산업센터의 매매가격 및 임대가격, 그리고 수익률을 살펴보았다. 이에 관한 내용을 정리해보면 다음과 같다.

① 지식산업센터의 매매가격은 지하철역과 가까울수록 가격이 비싸고 멀어질수록 가격이 싸다. 또한 2호선과 7호선인 가산디지털단지역 근처가 1호선인 독산역보다 매매가격이 비싸다.

② 매매가격이 싼 곳이 수익률이 높다. 지식산업센터의 임대가격은 매매가격과 비교하면 차이가 덜하기 때문이다.

③ 동일한 위치라면 지식산업센터의 준공연도가 최근일수록 매매가 및 임대가가 높다. 최근 지어진 지식산업센터의 경우 전용률이 낮고, 주차장 휴게공간 등 공용시설이 넓어 쾌적하기 때문이다.

매매가격과 임대가격에 영향을 미치는 요소를 정리하면 나타내면 다음과 같다.

지식산업센터 매매가격에 영향을 미치는 요소

연면적은 클수록 좋음: 로비, 휴 게공간, 옥상공원 등 넓은 면적 의 공용시설을 설치할 수 있기 때문에 쾌적해진다.

전용률은 작을수록 좋음: 전용 률이 높을수록 주차장 등 공용 면적이 협소해 사용자의 만족 도가 낮아진다.

지하철역과의 거리는 가까울수록 좋음

지식산업센터 임대가격에 영향을 미치는 요소

연면적이 클수록 임대료 가 높아짐

전용률은 클수록 임대료 가 낮아짐

상업시설과의 거리는 임 대가격에만 영향을 미침

지하철과의 거리는 멀수 록 임대료가 낮아짐

결론적으로 지식산업센터도 일반 주거용 부동산과 마찬가지로 입지 가 매매가격과 임대가격에 가장 많은 영향을 미치는 것을 알 수 있다. 다 만 지식산업센터는 수익형부동산이므로 수익률로 보았을 때는 평당 가 격이 600만~800만 원대가 적당하다고 볼 수 있다.

O

영등포 · 당산 지식산업센터

영등포·당산 지식산업센터는 9호선 선유도역과 2호선 당산역 2호선
과 5호선의 영등포구청역, 5호선 양평역 일대의 지역을 말하며, 지적도
상 준공업 지역이다. 과거에는 주로 소규모 공장지대였으나, 2000년대
이후 개발되면서 많은 수의 지식산업센터가 들어섰다.

강서·영등포 지식산업센터 매매가격 추이

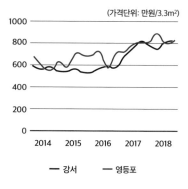

강서·영등포 지식산업센터 임대가격 추이

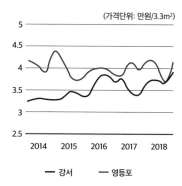

(자료: 부동산114, 상업용 부동산 분기 리포트 2018Q3)

부동산114의 상업용 부동산 분기 리포트에서 영등포·당산권역의 매
매 및 임대 가격 추이를 살펴보면 매매가격은 2016년부터 2018년까지
20~40%가량 상승했으나, 임대가격은 크게 상승하지 않았음을 알 수 있
다. 서울의 부동산 가격이 2014년부터 오르기 시작하면서 상업용 부동

산인 지식산업센터의 매매가격이 많이 올랐다. 이에 반해 임대가격은 지
식산업센터의 경기 상황과 주변 지역의 지식산업센터 공급으로 인해 시
기적으로 내렸다 올랐다를 반복해왔다.

영등포·당산 주요 지식산업센터 현황

지식산업센터명	준공일	대지면적(m²)	건축면적(m²)	대지면적(평)	건축면적(평)
KnK디지털타워	20121207	10,210	69,627	3,094	21,099
SK V1 center	20150227	12,811	99,807	3,882	30,245
금강펜테리움IT타워	20100108	2,435	32,623	738	9,886
동아프라임밸리	20111125	3,675	29,059	1,114	8,806
메가벤처타워	20051227	2,639	11,513	800	3,489
문래동에이스테크노타워	20020604	5,356	27,549	1,623	8,348
빅토리테크노타워	20041008	765	3,593	232	1,089
선유도 우림라이온스밸리A	20090807	2,647	17,997	802	5,454
선유도 우림라이온스밸리B	20090807	3,005	15,526	911	4,705
선유도 코오롱디지털타워	20120323	4,640	40,390	1,406	12,240
선유도역1차 아이에스비즈타워	20130527	5,483	40,015	1,662	12,126
선유도역2차 아이에스비즈타워	20141230	5,877	43,256	1,781	13,108
센터플러스	20040421	7,531	49,613	2,282	15,034
솔버스 비즈센터	20120905	753	5,604	228	1,698

양평동 이노플렉스	20100120	2,822	20,461	855	6,200
에이스테크노타워	19971203	1,730	9,285	524	2,814
에이스하이테크 시티	20070413	30,073	196,644	9,113	59,589
에이스하이테크 시티2	20141229	8,042	63,208	2,437	19,154
우리벤처타운 II	20040120	5,234	39,756	1,586	12,047
우림e-BIZ센타 II	20030903	7,544	45,326	2,286	13,735
월드메르디앙비 즈센터	20070214	4,595	29,875	1,393	9,053
이앤씨드림타워	20060921	7,926	52,292	2,402	15,846
트리플렉스	201712	2,964	21,683	898	6,571
하우스디비즈	201601	5,536	38,666	1,678	11,717

(자료: 팩토리온 / 편집: 지원쌤)

    매물은 전 지역에 걸쳐 10개 내외 정도로 아주 적은 편이며, 주로 실사용자들이 많은 편이다. 위치에 따라서 매매가는 평당 800만~1,200만 원 선으로 대출을 고려하면 임대수익률은 5~10% 수준이다. 위치별 평당가와 수익률을 알아보자.

주요 지식산업센터 가격 및 수익률 현황

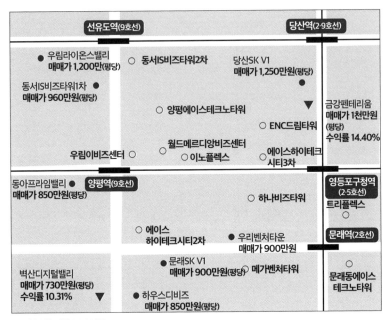

선유도역(9호선)

당산역(2·9호선)

● 우림라이온스밸리
매매가 1,200만(평당)

○ 동서IS비즈타워2차

당산SK V1
매매가 1,250만원(평당)
●

동서IS비즈타워1차 ●
매매가 960만원(평당)

○ 양평에이스테크노타워

▼

금강펜테리움
매매가 1천만원
(평당)
수익률 14.40%

○ ENC드림타워

월드메르디앙비즈센터

에이스하이테크
시티3차

우림이비즈센터 ○

○

○ 이노플렉스

동아프라임밸리 ●
매매가 850만원(평당)

양평역(9호선)

영등포구청역
(2·5호선)

○ 하나비즈타워

트리플렉스
○

○ 에이스
하이테크시티2차

● 우리벤처타운
매매가 900만원

문래역(2호선)

벽산디지털밸리
매매가 730만원(평당)
수익률 10.31%   ▼

● 문래SK V1
매매가 900만원(평당) ● 메가벤처타운

○
문래동에이스
테크노타워

● 하우스디비즈
매매가 850만원(평당)

* 표시 수익률: 대출 80% 기준

성수동 지식산업센터

　성수동은 1960년대 공업단지로 조성되어서 구두공방 및 봉제공장들이 많이 모여 있던 지역이다. 1990년대에 삼풍, 원서타워 관리단 등을 시작으로 2000년대 풍림테크원, 영동테크노타워 등의 지식산업센터가 공급되면서 본격적으로 오피스 및 지식산업센터촌으로 바뀌었다.

　최근에 지식산업센터가 많이 신축되고 있으며, 2020년까지 계속해서 지식산업센터가 들어설 예정이다. 현대건설, 포스크엔지니어링, SK건설 등 대형건설사들이 지식산업센터를 공급하고 있다. 현재 성수동은 40개 이상의 지식산업센터가 들어서 있으며, 서울 도심 지식산업센터의 20%가량을 차지하고 있다. 강남 접근성이 높고 입지도 좋아 인기가 날로 늘어날 예정이다.

성동 지식산업센터 매매가격 추이

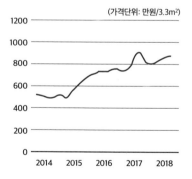

(가격단위: 만원/3.3m²)

성동 지식산업센터 임대가격 추이

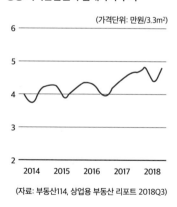

(가격단위: 만원/3.3m²)

(자료: 부동산114, 상업용 부동산 리포트 2018Q3)

부동산114에 따르면 성수동 지식산업센터의 평균 매매가격은 평당 1천만~1,200만 원 수준으로 서울 시내 다른 곳보다 가장 높은 수준을 유지하고 있다. 임대가격은 평당 4만5천~5만5천 원 선으로, 대출 고려한 평균 수익률은 7~9% 수준이다.

성수동 지식산업센터 현황

지식산업센터명	준공일	대지면적(m²)	건축면적(m²)	대지면적(평)	건축면적(평)
SK	19980724	4,672	18,609	1,416	5,639
백영성수센터	20151204	234,210	18,371	70,973	5,567
삼풍	19920803	2,981	10,728	903	3,251
삼환디지털벤처타워	20060118	3,497	20,172	1,060	6,113
서울숲 SK V1 타워	20140721	5,181	38,496	1,570	11,665
서울숲 드림타워 (삼공)	20150514	2,785	23,625	844	7,159
서울숲 비즈포레	20180331	2,207	17,617	669	5,339
서울숲 코오롱1차	20100708	7,912	56,858	2,398	17,230
서울숲 한라시그마 밸리	20110216	3,907	33,965	1,184	10,293
서울숲 한라에코밸리	20121121	2,648	20,766	802	6,293
서울숲IT밸리	20130405	5,581	49,158	1,691	14,896
서울숲IT캐슬	20140614	4,423	36,748	1,340	11,136
서울숲코오롱디지털 타워2차	20101110	4,528	27,110	1,372	8,215
서울숲코오롱디지털 타워3차	20101124	3,571	25,868	1,082	7,839

서울숲한라시그마밸리II	20130328	2,622	20,885	795	6,329
성수 에이팩센터	20121022	2,507	19,402	760	5,879
성수동 아이에스 비즈타워	20120831	3,583	32,062	1,086	9,716
성수동 우림e-BIZ Center (변경전: 이비즈센타)	20061018	4,308	29,856	1,306	9,047
성수역 SK V1 Tower	20170328	4,990	36,357	1,512	11,017
성수역 현대 테라스타워	20181221	4,780	45,552	1,448	13,804
아주디지털타워	20100316	1,856	10,677	562	3,235
에이스성수타워1	20140311	1,603	13,745	486	4,165
영동테크노타워	20050629	3,093	24,116	937	7,308
우영테크노센타	19980615	2,754	17,640	835	5,345
윈스타워관리단	19951020	1,549	9,419	469	2,854
케이투코라아	20010929	2,176	11,563	659	3,504
포휴	20160630	5,319	45,609	1,612	13,821
하우스디 세종타워	20180821	4,069	36,252	1,233	10,985
한신아크밸리	20100527	3,431	24,395	1,040	7,392
휴먼테코	20100531	2,640	18,783	800	5,692

(자료: 팩토리온/편집: 지원쌤)

주요 지식산업센터 가격 및 수익률 현황

성수동은 2016~2017년 분양이 많이 이루어졌으며, 2019~2021년까지 11개의 지식산업센터가 차례로 입주예정이다.

문정동 지식산업센터

　문정동 지식산업센터는 SH공사에서 진행한 핵심사업인 첨단미래 지향적 업무 및 법조단지와 함께 조성된 지역으로 2016년 말 법원·등기소·검찰청 등과 함께 들어서서 서울에서는 가장 최근에 지어진 곳이다.

　매매가격은 평당 1천만~1,400만 원 수준으로 서울에서 가장 비싼 지역이다. 그러나 동시에 많은 수의 입주가 이어져 임대 물건이 많으며, 임대수익률은 3~5% 수준으로 낮은 편에 속한다. 지하철 문정역이 있으며, 위례 신사선 등 교통이 좋아지는 곳이다.

문정동 지식산업센터 현황

지식산업센터명	준공일	대지면적 (m²)	건축면적 (m²)	대지면적(평)	건축면적(평)
가든파이브웍스	20081204	13,354	112,526	4,046	34,098
문정 대명벨리온	20170307	6,500	58,861	1,969	17,836
문정 에스케이브이원 지엘메트로시티	20180130	14,688	150,315	4,450	45,549
문정 현대지식산업센터 I-1	20160415	9,045	84,383	2,740	25,570
문정 현대지식산업센터 I-2	20160415	8,620	80,629	2,612	24,433
문정역 테라타워	20170222	17,309	172,748	5,245	52,347
송파 테라타워2	20170307	14,921	143,730	4,521	43,554
송파유탑테크밸리	20160114	1,580	14,336	478	4,344

수성 위너스	20170620	1,095	10,618	331	3,217
에이치비지니스파크	20170622	8,801	81,749	2,667	24,772
엠스테이트	20160902	5,078	49,172	1,538	14,900
한스빌딩	20170307	1,960	17,560	593	5,321

(자료: 팩토리온/편집: 지원쌤)

주요 지식산업센터 가격 및 수익률 현황

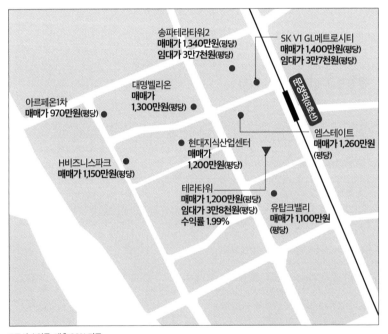

* 표시 수익률: 대출 80% 기준

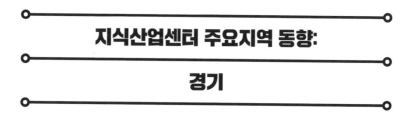

지식산업센터 주요지역 동향:
경기

안양벤처밸리

안양시의 만안구 안양동, 비산동, 관양동, 평촌동, 호계동 일원은 1970년대부터 수도권의 공업지역으로 발달했다. 그러다 2000년 안양 벤처밸리로 지정되면서 노후화된 공업 공단지역이 첨단화, 지식산업센터로 채워지고 있다. 지하철 명학역, 범계역, 평촌역, 인덕원역 일대에 다양한 지식산업센터, 경기도 경제과학진흥원, 경기벤처창업 지원센터, 안양창조산업진흥원, 평촌스마트스퀘어 등 주요 기업체 연구기관, 벤처 및 창업지원시설들이 모여 있다.

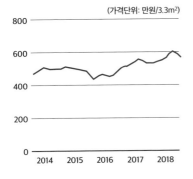

안양 지식산업센터 매매가격 추이

(가격단위: 만원/3.3m²)

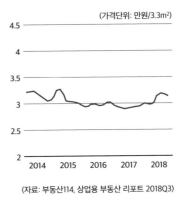

안양 지식산업센터 임대가격 추이

(가격단위: 만원/3.3m²)

(자료: 부동산114, 상업용 부동산 리포트 2018Q3)

경기도와 안양시에 따르면 현재 총 30여 개의 지식산업센터가 있으며, 2018년 11월 기준으로 약 3천 개 업체 3만5천여 명이 근무하고 있다. 2016년 이후로 지식산업센터의 추가 공급이 많이 이루어지고 있으며, 2020년까지 약 14개가 신규로 들어설 예정이다.

안양 지식산업센터는 2014년 이후 평균적으로 15~25%가량 가격이 상승했으며, 서울에 비하면 상승률이 적다. 하지만 신규 지식산업센터 공급이 2016년부터 활발하게 진행되며 분양가격이 상승 중이다.

안양벤처밸리의 지식산업센터 매매가격은 평당 500만~800만 원 수준이며, 대출 고려한 수익률을 따져 보면 평균적으로 8~12% 수익률을 나타낸다.

안양벤처밸리 지식산업센터 현황

지식산업센터명	준공일	부지면적(m²)	건축면적(m²)	부지면적(평)	연면적(평)
유천팩토피아	19921031	13,650	72,468	4,136	21,960
동일테크노타운A	19950920	1,175	6,539	356	1,982
동일테크노타운B	19951219	1,839	8,695	557	2,635
동일테크노타운C	19960923	4,315	22,185	1,308	6,723
동일테크노타운7차	19970910	3,879	16,684	1,175	5,056
동일테크노타운	19961203	1,959	9,926	594	3,008
동영벤처스텔3차	20011207	1,764	7,170	535	2,173
동영벤처스텔5차	20030701	5,289	22,706	1,603	6,881
성일디지털타워	20030326	1,444	7,482	438	2,267
안양메가밸리	20030519	17,694	92,376	5,362	27,993
명지E스페이스	20031119	3,066	13,174	929	3,992
한국프라자	20031008	945	3,992	287	1,210
안양디오밸리	20050930	25,525	65,560	7,735	19,867
두산벤처다임	20060328	22,729	114,260	6,888	34,624
신원비젼타워	20070328	6,504	33,834	1,971	10,253
관양두산벤처다임	20071012	6,035	30,355	1,829	9,199
안양IT밸리	20100125	5,764	29,505	1,747	8,941
인덕원성지스타위드	20100906	8,667	52,148	2,626	15,803
대륭테크노타운15차	20100930	11,448	101,474	3,469	30,750
디지털엠파이어A동	20120228	3,018	20,415	915	6,187

디지털엠파이어 B동	20120228	3,982	25,052	1,207	7,592
금강펜테리움IT 타워	20120120	16,613	132,785	5,034	40,238
에이스평촌타워	20120522	8,538	47,855	2,588	14,502
LS스엠트론 (주)하이테크센터	20130214	8,361	42,238	2,536	12,799
평촌스마트베이	20140529	7,628	46,561	2,312	14,109
평촌오비즈타워	20121226	15,047	124,171	4,560	37,628
평촌디지털엠파이어	20180319	7,898	51,764	2,394	15,686
아이에스비즈타워	20180420	8,582	57,780	2,601	17,449
두림야스카와 (주)안양사옥	20180322	2,833	16,850	859	5,106
안양SK V1센터	20181112	8,717	63,763	2,642	19,322
평촌역 하이필드	20181115	14,674	94,082	4,447	28,510

(자료: 안양시, 2019년 3월 기준)

주요 지식산업센터 현황 및 수익률 현황

메가밸리
매매가 500만~550만원(평당)

금강펜테리움
매매가 700만~730만원(평당)

두산벤처다임2
매매가 500만~520만원(평당)

오비즈타워
매매가 720만~750만원(평당)

스마트베이
매매가 650만~670만원(평당)

에이스평촌타워
매매가 750만~770만원(평당)

대륭테크노타운15차
매매가 750만~800만원(평당)
임대가 3만5천원(평당)
수익률 12.62%

인덕원디지털엠파이어
매매가 700만~750만원(평당)

평촌역(4호선)

인덕원역(4호선)

성지스타위드
매매가 570만~600만원(평당)
수익률 12.62%

평촌디지털엠파이어
매매가 700만~750만원(평당)
임대가 3만원(평당)
수익률 9.66%

두산벤처다임1
매매가 550만~600만원(평당)

평촌IS비즈타워
매매가 680만~700만원(평당)
수익률 9.66%

* 표시 수익률: 대출 80% 기준

안양지역의 지식산업센터는 지하철역인 인덕원역과 평촌역을 사이에 두고 도로를 중심으로 많이 들어와 있다. 지하철역과 가까울수록 평당 매매가와 임대가가 높고 거리가 멀어질수록 평당 매매가와 임대가가 낮은 특성이 있다. 가격 수준은 평당 500만~800만 원 수준으로 서울지역의 지식산업센터에 비교해서는 30~40% 낮은 수준이다.

임대가를 살펴보자. 대륭테크노타운15차는 준공연도가 10년이 가까이 되지만 인덕원역에서 도보로 접근할 수 있으므로 800만 원 수준이며, 평촌역과 가까운 에이스평촌타워도 770만 원 수준으로 가장 높은 편이다. 2018년 준공된 평촌디지털엠파이어는 지하철역과 거리가 멀기 때문에 신축임에도 700만 원대를 나타내고 있다. 역시 지하철역과의 거리가 매매가와 임대가에 가장 큰 영향을 미침을 알 수가 있다.

○
성남일반산업단지

성남일반산업단지는 1974년도에 준공된 산업단지다. 부지면적은 총 151여만m²로, 40여 년간 경기도의 대표적인 산업단지로 자리해왔다. 서울과 지리적으로 가깝지만, 조성된 지 오래되어 기반시설 및 편의시설 부족해 2014년 이후 서울 및 경기도 안양벤처밸리의 가격이 큰 폭으로 상승할 때도 좀처럼 가격 상승하지 않았던 곳이다.

하지만 앞으로 경기도 도시철도의 성남 1호선 사업과 2025년까지 성남시와 LH의 도시재생사업 추진으로, 성남 하이테크밸리로 재탄생할 예정이다. 앞으로 진행될 도시재생사업은 지식산업센터 및 최신식의 R&D 소프트웨어 개발에 초점을 맞춘 첨단산업단지로 조성되며, 거주시설(아파트·오피스텔) 및 복지시설, 편의시설도 함께 마련될 예정이다.

지식산업센터 34개소가 들어선 성남일반산업단지는 2016년 12월 기준 3,166개 업체, 4만3천여 명이 근로자가 일하고 있으며, 앞으로 도시재생사업이 완료되면 기업체 및 근로자 수가 많이 늘어날 전망이다.

성남일반산업단지 지식산업센터 현황

지식산업센터명	준공일	대지면적(m²)	건축면적(m²)	대지면적(평)	건축면적(평)
SK아파트형공장	20050224	8,294	43,642	2,513	13,225
SK엔테크노파크	20070205	32,164	196,562	9,747	59,564
금강펜테리움IT타워	20080328	17,082	89,284	5,176	27,056
금강하이테크밸리	20050218	6,618	40,059	2,005	12,139
금강하이테크밸리2차	20050525	3,968	20,297	1,202	6,151
노벨테크노타워	20050221	661	3,362	200	1,019
델리스지식산업센터	20150213	2,313	9,647	701	2,923
드림테크노	20140516	2,555	16,452	774	4,986
반포테크노피아	20100224	3,044	20,384	922	6,177
벽산테크노피아	20050217	5,319	29,867	1,612	9,051
선일테크노피아	20050221	7,448	43,406	2,257	13,153
선텍시티	20050217	9,400	59,245	2,848	17,953
선텍시티2차	20050830	5,954	34,286	1,804	10,390
스타우드	20060604	3,202	35,425	970	10,735
스타타워	20100917	9,645	57,016	2,923	17,277
시콕스타워	20050301	9,417	57,752	2,854	17,501
쌍용IT트윈타워(1차)	20050228	5,182	29,285	1,570	8,874
쌍용IT트윈타워(2차)	20050228	5,191	29,579	1,573	8,963
우림라이온스밸리	20081121	10,638	64,983	3,224	19,692

우림라이온스밸리2차	20101210	15,322	97,706	4,643	29,608
우림라이온스밸리3차	20091204	5,987	37,594	1,814	11,392
우림라이온스밸리5차	20100816	15,480	99,470	4,691	30,142
이노트리	20050219	1,699	8,189	515	2,481
중앙이노테크	20131014	4,860	41,259	1,473	12,503
중앙인더스피아	20050217	7,116	36,279	2,156	10,994
중앙인더스피아2차	20050217	5,290	37,834	1,603	11,465
중앙인더스피아5차	20061023	6,618	37,747	2,005	11,438
중앙인더스피아 제3공장	20110414	10,116	45,085	3,066	13,662
중일아인스프라츠2차	20101118	2,429	14,849	736	4,500
중일아인스프라츠3차	20100414	3,669	19,580	1,112	5,933
크란츠테크노	20050219	12,696	74,818	3,847	22,672
포스테크노	20050221	11,140	58,912	3,376	17,852
한라시그마밸리	20101022	8,370	58,556	2,536	17,744
현대I밸리	20050218	10,196	44,606	3,090	13,517

(자료: 팩토리온/편집: 지원쌤)

성남지식산업센터 매매가격 추이

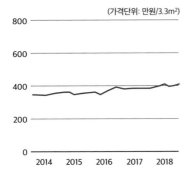

(가격단위: 만원/3.3m²)

성남지식산업센터 임대가격 추이

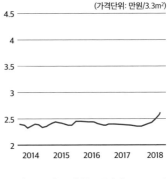

(가격단위: 만원/3.3m²)

(자료: 부동산114, 상업용 부동산 리포트 2018Q3)

성남일반산업단지 내 지식산업센터는 평균 매매가격이 400만 원 수준이다. 다른 지역의 지식산업센터 매매가격이 크게 오른 데 비해 가격변동이 10% 내외로 적다. 위치적으로 다른 지역에 비해 선호도가 떨어지며, 산업단지 내 편의시설 부족, 직원들의 출퇴근을 위한 교통여건이 다른 곳에 비해 좋지 않기 때문이다.

다만 매매가격이 낮은 만큼 대출을 감안한 임대수익률은 평균적으로 13~19% 수준으로 다른 곳보다 월등히 높게 나타난다.

주요 지식산업센터 가격 및 수익률 현황

↑ 서울, 위례

○ 금강1

중앙인더스피아V
○

○ 이노트리

중앙센트럴비즈타워 ▼
매매가 390만~415만원(평당)

우림라이온스밸리5차 ▼
매매가 400만~430만원(평당)
임대가 2만원(평당)
수익률 17.72%

노벨타운
○

성남SK V1
매매가 450만~480만원(평당)

SK앤테크노파크 ▼
매매가 420만~430만원(평당)
임대가 2만3,500원(평당)
수익률 17.72%

우림라이온스밸리2차 ▼
매매가 400만~430만원(평당)
임대가 2만원(평당)

○ 현대I밸리

○ SK아파트형공장

성남스타워 ▼
매매가 400만~420만원(평당)
임대가 2만4,800원(평당)

우림라이온스밸리1차
○

금강펜테리움 ▼
매매가 390만~420만원(평당)
임대가 2만2천원(평당)

○ 중앙인더스피아 I

선텍시티 ▼
매매가 400만원(평당)
임대가 2만2천원(평당)

○ 시콕스타워

○ 벽산테크노피아

* 표시 수익률: 대출 80% 기준

성남산업단지는 아직까지 지하철이 연결되어 있지 않은 지역으로, 서울·경기도 내에서 가장 매매 및 임대 가격이 낮은 편이다. 현재 매매가는 평당 400만~500만 원 사이이며, 지하철이 없기 때문에 큰 대로를 중심으로 상대원동 입구와 가까운 곳과 대로변에서 가까운 곳이 가격이 가장 높다. 최저가와 최고가의 차이가 다른 지역에 비해서 많이 나지 않는 특징이 있다.

다만 경기도 도시철도망의 경전철인 성남 1호선이 연결되어 산업단지 입구 및 중심 부분에 역이 생길 예정이며, 도시재생산업이 완료되면 교통여건과 편의시설이 늘어나기 때문에 전체적인 가격은 올라갈 여지가 충분하다.

○
동탄테크노밸리

동탄2신도시 조성과 함께 조성되는 동탄테크노밸리는 동탄 IC 부근에 위치한다. 면적은 47만 평으로 첨단 도시형공장, 연구시설 및 벤처기업, 외국인 투자기업 및 기업 지원시설들이 들어서게 된다. 위치적으로 경부고속도로와 SRT 동탄역, 2021년 개통되는 GTX 등을 통해 서울 강남권에 20분 내 진입이 가능한 곳이며, 주위에는 삼성전자와 인접해 있다.

2017년부터 많은 수의 지식산업센터가 계속해서 입주하고 있는 지역이다. 이에 따라 한꺼번에 입주에 따른 물량 부담은 있으나 향후 첨단산업 및 지식산업센터 밸리로 유망해 주목해야 한다.

동탄테크노밸리 지식산업센터 현황

지식산업센터명	준공일	대지면적(m²)	건축면적(m²)	대지면적(평)	건축면적(평)
동탄비즈타워	20180321	5,668	30,654	1,718	9,289
SH TIME SQUARE 1	20181107	6,705	43,646	2,032	13,226
SK V1 CENTER	20190211	13,364	89,807	4,050	27,214
YK퍼스트타워	20170615	2,665	12,840	808	3,891
골든아이타워	20190314	5,585	29,978	1,692	9,084
더퍼스트타워	20180628	9,659	57,692	2,927	17,483
동탄 금강펜테리움 IT타워	20180110	7,550	43,447	2,288	13,166
동탄IT타워	20170320	3,116	15,356	944	4,653
동탄아이티밸리	20181129	3,012	14,613	913	4,428
동탄KTX밸리	20180223	3,114	15,259	944	4,624
루체스타비즈	20190405	5,102	31,109	1,546	9,427
메가비즈타워 A동	20190201	3,012	16,528	913	5,008
메가비즈타워 B동	20190213	3,245	17,184	983	5,207
메가비즈타워 C동	20190213	2,970	15,246	900	4,620
삼성어반타워	20180727	2,838	15,240	860	4,618
삼성테크노타워	20170608	2,640	11,905	800	3,608
에이팩시티	20171211	11,098	72,073	3,363	21,840
으뜸U-테크밸리	20170725	2,408	12,035	730	3,647

(자료: 팩토리온/편집: 지원쌤)

주요 지식산업센터 가격 및 수익률 현황

○ 동탄비즈타워
○ 퍼스트타워

동탄IC
경부고속도로

삼성테크노타워 ○ ○ YK퍼스트타워
○ 골든아이타워
○ 으뜸U밸리
동탄KTX밸리 ○
동탄IT밸리 ○ ▼ 더퍼스트타워
매매가 610만원(평당)

메가비즈타워
삼성어반타워
○
SK V1   ○ SH타임스퀘어

▼ 에이팩시티
매매가 600만원(평당)
▼ 수익률 11.29%
금강펜테리움IT타워
매매가 580만원(평당)
수익률 12.70%

*표시 수익률: 대출 80% 기준

　동탄테크노밸리의 지식산업센터는 위치 및 규모에 따라서 평당 분양
가가 400만~600만 원선이다. 임대가는 평당 2만~2만3천 원 수준으로,
대출을 감안한 수익률은 7~13% 정도로 예상된다. 다만 최근 동시에 입
주물량이 많아서 공실이 오랫동안 발생할 가능성이 있으므로 반드시 확
인 후 투자해야 한다.

동탄테크노밸리는 향후 잠재력이 높다. 동탄2신도시의 조성 및 기반 시설의 완성, 경부고속도로의 지하화, 교통망의 완성(GTX 및 트램)까지는 아직 시간이 필요하므로 5~10년 후를 기대해보도록 하자.

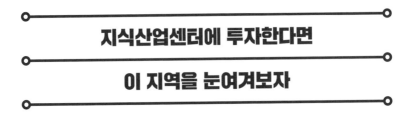

지식산업센터에 투자한다면

이 지역을 눈여겨보자

○

지식산업센터 투자 시 유망지역의 조건

지식산업센터에 투자할 때 앞으로 유망한 지역을 알기 위해서는 미래 가치를 분석할 수 있어야 한다. 지식산업센터에 있어서 미래가치란 크게 2가지를 들 수 있다.

첫째로는 교통여건 개선이다. 앞서도 살펴보았지만, 지식산업센터의 매매가에 가장 크게 영향을 주는 것이 바로 지하철역과의 접근성이다. 즉, 지금은 지하철역이 없지만 앞으로 지하철역이 생기는 곳, 지금은 지하철역이 1개만 있지만 앞으로는 2개가 되는 곳 등 교통여건 개선으로 인해 미래가치가 높아지는 지역이다.

둘째로는 주변 지역의 개발이다. 현재는 주변 지역이 낙후되었고 편의시설이 부족하지만, 앞으로 개발되어 주변 부동산의 가치가 올라간다면 인접한 지식산업센터의 가치도 같이 올라간다.

그렇다면 앞으로 주목해야 하는 지역은 어디일까? 이와 관련해서 몇 지역을 살펴보고자 한다.

○

서울디지털산업단지

신안산선의 구로디지털단지역과 독산역

신안산선은 경기도 안산에서 출발해 시흥, 광명을 거쳐서 여의도까지 43.6km를 연결하는 복선전철이다. 공사기간은 착공 후 60개월로, 2003년 처음으로 제안 후에 2018년 12월 민간투자사업심의위원회의 의결을 거쳐 2019년 9월 착공했다.

안산에서 여의도까지 전철을 이용하면 1시간 30분 정도 걸리지만, 신안산선이 개통되면 30분이면 도달이 가능하다. 안산에서 서울 중심부인 여의도까지 1시간 안에 출퇴근이 가능하고, 수도권의 서남부권의 교통환경이 개선되기 때문에 사람들의 관심이 크다. 또한 신안산선을 통해 월곶 판교선, 대곡 소사선, 2호선, 1호선, 5호선, 9호선 등 서울과 경기도의 많은 전철노선과 연결이 되므로 수도권 주요지역과도 연결된다.

지식산업센터와 관련해서 주목해야 할 지하철역은 바로 구로디지털단지역이다. 기존 2호선에 추후 신안산선이 더해져 더블역세권이 될 예정이다. 구로디지털단지역 일대는 지식산업센터가 몰려 있는 곳으로, 신안산선 개통 시 역세권 주변의 지식산업센터는 크게 가치가 높아질 것이다.

구로차량기지 이전 및 상업·업무 시설 개발

구로차량기지는 1974년 서울 구로구 구로1동 685번지 일대에 들어섰는데, 수도권 인구의 교통 수송 분담과 지하철 1호선 관리가 목적이었다. 그러나 이후 도시가 팽창하면서 차량기지 인근에 대규모 아파트 단지가 들어섰고, 주민들은 소음·진동·먼지 등의 불편을 호소하며 차량기지 이전을 요구해왔다. 구로차량기지 이전을 통해 이 지역을 상업 및 업무 시설로 복합개발을 한다는 계획이다. 구로차량기지가 이전하고 상업 및 업무 복합시설로 개발한다면, 구로차량기지와 인접해 있는 서울디지털 3단지는 그 가치가 동시에 올라갈 것이다.

안양 인덕원역 주변

인덕원은 수도권 남부 지역 중에서 광역버스와 철도가 만나는 지점으로 앞으로 교통의 중심지역이 되는 곳이다. 인덕원은 위쪽으로는 과천, 아래쪽으로는 안양과 인접해 있으며, 현재는 지하철 4호선만 연결되어 있으나 앞으로는 여러 지하철 노선이 추가로 생긴다. 또한 사당, 강남 등 서울 주요 지역과 연결되는 광역버스의 중심지이기도 하다. 그중에서도 중요한 것은 철도 노선으로, 앞으로 인덕원~동탄선, 월곶~판교선이 생기면서 인덕원역에 복합환승센터가 들어온다.

또한 인덕원역 바로 위쪽으로 과천지식정보타운이 들어오는데 이곳은 대규모 일자리와 주거지역이 계획되어 있다. 이처럼 인덕원역은 교통, 양질의 일자리, 주거가 모두 좋아지는 곳으로 주위에 있는 지식산업센터의 가치도 점차 올라가고 있다.

○

강서구 가양동, 염창동 주변지역

이 지역은 지하철 9호선 양천향교역, 가양역, 증미역 일대로 양질의 일자리가 풍부한 마곡역과 가까운 곳이며, 주변의 주거단지와 준공업지역으로 계속해서 지식산업센터가 하나둘씩 생기고 있다.

9호선은 김포공항에서 강남까지 연결되는 황금 노선 중 하나로 가양역은 급행이 지나간다. 최근 주변 땅 가격이 많이 오르며, 분양가도 평당 1,500만~2천만 원까지 높아지고 있다.

○

성남일반산업단지(성남 1호선)

국토부에서는 2019년 5월 경기도 도시철도망 구축계획을 확정 고지했다. 성남일반산업단지와 관련해서 주목해서 볼 노선이 바로 성남 1호선이다. 그동안 성남일반산업단지 내 지식산업센터의 경우는 교통이 불편해 다른 곳에 비해 지식산업센터가 많이 저평가되어 있다. 지금까지 오직 버스로만 출퇴근 및 접근이 가능했기 때문이다.

성남일반산업단지에는 2개의 트램역이 예정되어 있으며, 산업단지 입구 및 중간에 역이 설치될 예정이다. 구체적인 시기가 확정되고 역이 연결된다면 성남산업단지 내의 수많은 지식산업센터의 가치도 올라갈 것이다.

O

동탄테크노밸리

동탄테크노밸리에는 2018년부터 약 20여 개의 지식산업센터가 계속해서 생기고 있지만, 지금은 입주물량에 대한 부담과 교통의 불편으로 공실도 많은 곳이다. 그렇지만 앞으로 GTX와 동탄 트램 등 교통편이 크게 개선될 예정이기 때문에 앞으로 유망한 지식산업센터 단지라고 할 수 있다.

수도권 광역급행철도역 중 동탄역은 동탄테크노밸리와 1km 이내에 위치하고 있으며 개통되면 삼성역까지 20분이면 갈 수 있다. 광역급행철도 A노선과 연계되는 동탄 트램의 경우 동탄역에서 동탄테크노밸리 내의 지식산업센터들과 연결되는 노선으로, 개통되면 동탄역까지 10분 이내로 이용이 가능하다.

아래 지도를 보면 한미약품 사거리를 중심으로 좌우에 많은 수의 지식산업센터가 위치해 있다. 현재까지는 동탄역까지 버스를 이용하지만 트램이 개통되면 한미약품사거리에서 이용이 가능해서 주변 지식산업센터의 교통 편의성이 높아진다.

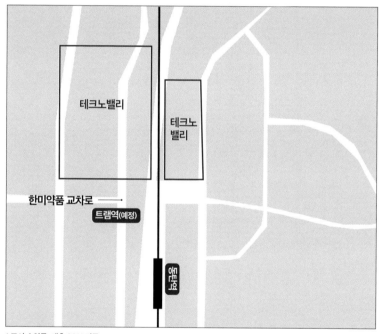

* 표시 수익률: 대출 80% 기준

PART 3

무조건 성공하는
지식산업센터 실전 투자

지식산업센터 투자방법으로 3가지가 있다. 일반
매매, 분양, 경·공매 등이다. 이번 파트에서는 투
자는 구체적으로 어떻게 하는지, 각 방법의 장단
점은 무엇인지 알아본다. 이를 참고해 자신에게
맞는 투자방법을 정해보도록 하자.

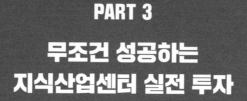

지식산업센터 투자 시

이것만은 주의하자

지식산업센터의 투자수익률이 높고 매매가 상승에 따른 양도차익이
커짐에 따라서 투자자들의 관심이 어느 때보다 높은 요즘이다. 그러나
동시에 지나치게 많은 지식산업센터가 한꺼번에 분양 및 입주를 하고 있
기 때문에, 주의하지 않으면 장기간 공실 위험이 있다. 다음 사항은 꼭 확
인하고 지식산업센터에 투자하도록 하자.

① 분양물량 및 입주물량을 반드시 확인하라

지식산업센터에 투자할 때 반드시 확인해야 할 사항이 바로 입주물량
이다. 아파트도 동시에 입주가 이루어지면 전세가 낮은 수준으로 내려
가듯이 지식산업센터도 동시에 입주물량이 생기면 임대료가 낮아질 수

밖에 없다. 세입자 또한 구하기가 쉽지 않다.

최근 많은 수의 지식산업센터가 동시에 입주가 진행되고 있는 곳의 경우, 입주 후 1년이 지난 시점까지도 임대를 놓지 못해서 큰 금액의 이자와 관리비를 부담하는 사례가 있었다. 아파트의 경우에는 빅데이터가 잘되어 있어서 입주물량, 입주시기에 대한 정보를 쉽게 찾을 수 있지만, 지식산업센터는 각각의 데이터를 직접 찾아봐야 한다. 그러니 지식산업센터에 투자하려면 투자하려는 곳의 수익률뿐만 아니라, 주변 3~4km 이내에 현재 분양하고 있는 지식산업센터와 앞으로 입주할 지식산업센터의 데이터를 직접 확인해야 한다.

② 부동산 중개업자와 분양대행사의 말을 100% 믿지 마라

지식산업센터를 일반매매나 분양으로 구입한다면 부동산 중개업소 소장님과 분양대행사의 영업사원을 만나게 된다. 즉, 부동산을 팔기 위해 영업을 하는 사람들이다. 이들이 분양이나 매매를 위해서 제공하는 자료를 그대로 믿어서는 안 된다.

특히 분양현장에 가보면 여러 가지 개발계획 및 수익률표를 보여주며, 유망한 지식산업센터라고 소개한다. 하지만 각종 개발계획이 실제로 이루어지는 경우는 별로 없다. 계획은 계획일 뿐이다. 또한 입주 시 임대시세 및 수익률을 보여주는데, 이 자료에는 인테리어 비용이나 세금이 빠진 금액으로 계산한 경우가 많다. 또한 미래에 얼마의 월세를 받을 수 있다라는 이야기는 희망사항일 뿐, 실제로 동시에 입주가 진행되면 원하는 월세를 받기 쉽지 않다.

이런 이유로 일반매매 시에는 반드시 주변 지식산업센터의 공실 현황 및 임대료 수준 등을 확인해야 한다. 분양 시에는 계획들이 실현 가능한지 반드시 직접 확인해야 한다.

③ 자신에게 맞는 예산과 수익률을 미리 정하라

지식산업센터는 지역에 따라서 면적에 따라서 그 가격이 천차만별이고, 들어가는 투자금에도 차이가 날 수밖에 없다. 보통 입지가 좋은 곳은 매매가가 비싸고 수익률도 떨어지며, 수익률이 좋은 곳은 입지가 좀 떨어진다. 투자금도 작게는 3천만~4천만 원부터 많게는 몇억 원에 이른다. 지식산업센터를 매입하기 전에 본인의 예산이 얼마인지, 대출이 얼마나 가능한지, 원하는 수익률이 어느 정도인지 계획을 세울 필요가 있다.

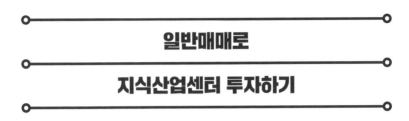

일반매매로
지식산업센터 투자하기

○

일반매매 시 순서를 알아보자

앞에서 설명했지만, 원칙적으로 산업단지 내에 있는 지식산업센터는 바로 사서 임대를 줄 수는 없다. 산업단지 내 지식산업센터의 경우 매입 후에 본인이 직접 사용하거나, 아니면 일부 면적에 대해서 임대가 가능하며 규정된 프로세스를 지켜야 한다.

수도권 산업단지로는 서울디지털산업단지, 성남일반산업단지, 동탄테크노밸리 등이 있으며, 산업단지 입주와 관련된 법률을 살펴보면 다음과 같다.

산업단지에의 입주

「산업집적활성화 및 공장설립에 관한 법률 시행령」 제6조(산업단지의 입
주자격) 및 같은 법 제28조의5(지식산업센터에의 입주)의 자격을 갖춘 자만
이 산업단지에 입주하여 사업영위 가능

산업단지 내 산업용지 및 공장 등을 분양·매매·경매 또는 임차해 입
주하기 전, 산업단지 입주가능 업종인지 반드시 사전에 관리공단에 확
인해야 한다.

산업단지 내 용지 및 건축물(공장) 취득 시 유의사항은 다음과 같다.

- 산업단지 내 용지 또는 건축물(공장)과 지식산업센터 공장의 분양·양
  수·경매 등과 같은 방법으로 취득해 부동산 임대사업을 할 수 없다.
- 산업단지 내 용지, 건축물, 지식산업센터 취득 또는 임차해 사용할 경
  우, 반드시 산업단지관리공단에 신고(입주계약 체결) 후 사업을 영위해
  야 한다.

산업단지 내 입주계약 신고와 임대사업 절차는 다음 페이지를 참고하
자. 이와 같은 과정을 거치는 데는 많은 시간과 노력이 필요하다. 그러
니 처음 지식산업센터에 투자한다면 가급적 산업단지 이외에 곳을 선택
하는 것이 좋다.

산업단지 내 입주계약 신고 절차

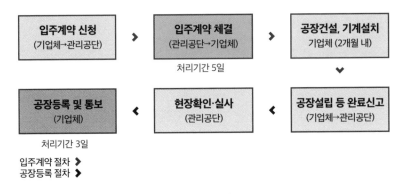

산업단지 내 임대사업 관련 입주계약 신고 절차

수도권의 지식산업센터 중 산업단지 이외에 위치한 경우 일반인들도 매매를 통해 구입한 후 바로 임대사업이 가능하다. 서울의 경우 영등포, 당산, 성수동, 문정동 일대 및 경기도는 안양, 군포, 용인, 수원, 광교, 인덕원 등에 위치한 지식산업센터에 투자한다면 자유롭게 임대사업을 할 수 있다.

정부에서 운영하는 '토지이용규제서비스(luris.molit.go.kr/web/index.jsp)'를 이용
하자. 스마트폰에서도 '토지이용규제 서비스'를 다운받아 이용할 수 있다.

1. 사이트에 접속해 구매하려는 지식산업센터의 주소를 입력한 후 '열람'을 누르
   면, 이 지역이 산업단지인지 일반지역인지 바로 구분이 가능하다. 예를 들어
   서울 금천구 가산동의 서울디지털산업단지 내의 지식산업센터를 조회해보면
   다음과 같이 나타난다.

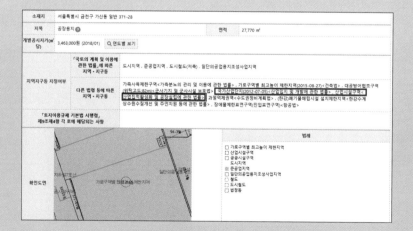

정보를 조회했을 때 '다른 법령 등에 따른 지역·지구 등'의 항목에서 다음에 해당하는 용어가 있으면 산업단지로 볼 수 있다. ① 국가산업단지 ② 일반산업단지 ③ 도시첨단산업단지 ④ 농공단지다. 표시한 부분을 보면 '국가산업단지'라는 용어가 나오므로 산업단지라고 판단된다.

2. 이번에는 경기도 용인의 지식산업센터를 조회해보자.

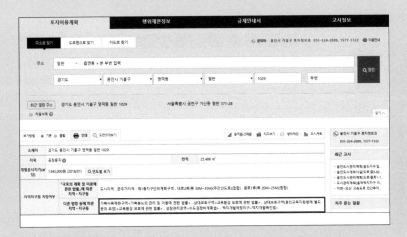

위 그림을 보면 어디에도 산업단지 관련된 용어가 나오지 않는다. 자유롭게 매매 및 임대사업이 가능한 일반지역이다.

한 가지 아쉬운 부분은 2018년도 정부에서 '청년들의 고용문제 해결'을 위해서 다음과 같이 산업단지 내의 규제를 없애기로 했고, 2019년부터 산업단지 내의 임대업을 허용하기로 했으나 아직까지 이루어지지 않았다는 점이다.

신사업 유치, 창업공간 확충을 위해 지식산업센터 대폭 확대

① 지식산업센터 지원시설 비중 확대(20% → 30~50%)

② 임대사업자의 임대 허용(현행 센터 건립자만)

③ 산업단지 내 주거용 오피스텔 입주 허용 등 규제 완화 추진

현재 산업단지 내에서 지식산업센터의 건립자인 건설사가 임대업을 하고 있고, 1,200여 개 이상의 업체들이 제조업으로 등록했다가 임대업으로 전환해서 임대를 주고 있는 사례가 많은 게 현실이다. 앞으로 투자 활성화를 위해서는 규제가 완화될 필요가 있다.

지금부터는 실제 사례를 통해서 지식산업센터를 일반매매 시 검토해야 할 사항에 대해서 알아보자.

●

일반매매 시 확인사항

기본적으로 일반매매 물건은 지역마다 항상 있는 것은 아니다. 그래서 보통 지역별로 현장답사를 하면서 미리 부동산 중개업소 사장님과 교류

하면서 좋은 물건이 나오면 연락을 달라고 이야기를 해놓을 필요가 있다. 때때로 전화도 하면서 그때그때 상황도 물어보는 등 연락을 해야 한다. 그러면 괜찮은 수익률의 물건이 매물로 나오면 투자자들에게 문자로 매물에 대한 간단한 정보를 보내준다. 만약 문자를 보고 마음에 들면 전화통화를 통해 기본사항을 확인한다.

필자의 경우는 우선 수익률표를 보내달라고 요청한다. 2018년도에 부동산 사장님으로부터 받은 금천구 가산동의 한 지식산업센터의 수익률표를 보자.

○ ○ 지 식 산 업 센 터

(단위: 만원)

구분		금액	비고	건물현황	
총매매가		37,800	부가세 별도	분양면적	56.50평
취등록세		1,793	4.6%	전용면적	36.30평
중개수수료		340	0.9%		
은행융자		30,240	80.0%		
임대보증금		2,000			
실투자금		7,639			
월임대료		200			
월용자이자		88	3.5%		
월순임대료		112			
임대수익률	연임대소득	2,400			
	연용자이자	1,058			
	연순임대료	1,342			
	연수익률	17.6%			

건물분 부가세   18,900,000

부동산에서 받은 수익률표

부동산 중개업소에서 받은 정보를 바탕으로 수익률을 다시 계산해보았다. 다음은 필자가 직접 만들어서 사용하고 있는 수익률표 양식이다.

필자가 사용하는 수익률표(평당가 6,690,265원 가정)

(단위: 원)

항목	대출 없음	대출 70%	대출 75%	대출 80%
전용면적	36.3m²			
분양면적	56.5m²			
매매가	378,000,000	378,000,000	378,000,000	378,000,000
취등록세(4.6%)	17,388,000	17,388,000	17,388,000	17,388,000
중개수수료	3,400,000	3,400,000	3,400,000	3,400,000
부가세(건물분)	18,900,000	18,900,000	18,900,000	18,900,000
보증금	20,000,000	20,000,000	20,000,000	20,000,000
대출금액	0	264,600,000	283,500,000	302,400,000
초기투입금액	398,788,000	134,188,000	115,288,000	96,388,000
실투입금액	378,788,000	114,188,000	95,288,000	76,388,000
월세	2,000,000	2,000,000	2,000,000	2,000,000
월 이자 (3.5% 기준)	0	771,750	826,875	882,000
월수익	2,000,000	1,228,250	1,173,125	1,118,000
연수익	24,000,000	14,737,000	14,077,500	13,416,000
수익률	6.34%	12.91%	14.77%	17.56%

부동산 중개업소에서 수익률표를 받으면 가장 먼저 매매금액, 실투입 금액, 대출을 감안한 수익률을 확인해야 한다. 가끔 일부 부동산 사장님들이 꼭 포함되어야 하는 취등록세 등을 빼는 경우가 있기 때문에 이를 그대로 보기보다는 자기만의 수익률 계산표를 만들어 확인할 필요가 있다. 필자의 수익률표를 보면 실제 들어가는 돈이 얼마이며, 대출에 따른 투입금액, 수익률까지 한번에 볼 수가 있어서 편리하다.

일단 수익률표를 통해서 투자금액 및 수익률이 적정하다고 판단되는 경우에는 다음 항목들을 하나씩 살펴봐야 한다. 1차적으로 해당 사항에 대해서 부동산 사장님과 확인하고, 이후에는 직접 손품, 발품을 통해서 확인하는 과정이 필요하다.

① 입지

앞에서도 지역별 지식산업센터 현황을 살펴보았지만, 같은 지역이라도 지하철역과의 거리, 연면적, 전용률 등에 따라 가격이 2배까지도 차이가 나기 때문에 입지는 가장 중요한 요소다.

② 주변 지역의 분양물량

주변 지역의 분양물량 및 입주시기 등에 대해서 미리 확인을 해놓아야 한다. 자신이 매입한 지식산업센터를 임대 놓을 때 시기적으로 겹치는지, 당장은 괜찮지만 2년 후에 임차인과 재계약 시점에 과잉 물량이 있는지를 알아야 미리미리 대처가 가능하다.

③ 가격 경쟁력

사려는 지식산업센터가 기존 물건보다 싼 물건인지 확인해봐야 한다. 남들보다 저가로 사는 능력이 곧 수익률도 높이고 양도차익도 높이는 길이기 때문이다. 싸게 사기 위해서는 평소에 시세를 주기적으로 파악하고, 급매인지 아닌지 확인해야 한다.

④ 상품 경쟁력

상품 경쟁력은 사려는 지식산업센터의 평형이나 건물 내 위치 등이 경쟁력 있느냐를 의미한다. 한 건물 내에서도 만약 주류를 이루고 있는 평형이 전용면적 기준 40평대인데, 자신이 사려는 물건이 그 건물에 5개밖에 없는 20평대라고 한다면, 그 가치는 더 클 것이다.

또한 한 건물, 한 층에서도 베란다가 양쪽에 있는 코너 호실 같은 경우에는 다른 호실에 비해서 채광도 좋고, 서비스 면적이 넓다. 당연히 임차인들은 코너 호실을 더 선호하므로 다른 호실보다 상품 경쟁력이 있다고 할 수 있다.

⑤ 인테리어 여부 및 수준

지식산업센터는 바닥, 벽, 기둥, 방화문만 있는 상태로 분양한다. 공장으로 운영한다면 특별한 시설을 하지 않는 경우도 있지만, 사무실이나 연구실 등으로 이용한다면 여러 인테리어를 하게 된다. 주로 입구 인테리어, 내부 룸 2~3개와 냉난방기를 설치하게 되는데, 전용면적 30평 기준으로 인테리어 비용은 보통 700만~3천만 원까지 들어간다. 만약 인테리어가 잘 되어 있다면 그 비용도 매매가에 포함되므로 같은 가격이면 인테리어가 잘 되어 있는 편이 좋다.

⑥ 공실률

지식산업센터는 입주 후 보통 6개월에서 1년이 지나면 안정화 단계에 접어들어 5~10% 수준의 공실률을 유지한다. 그런데 만약 공실이 많고, 공실기간이 길어진다면 그 지식산업센터를 가지고 있는 사람에게는 이자와 관리비 부담이 커지기 때문에 공실이 없는 것이 중요하다. 그래서 지식산업센터를 일반매매로 구입할 때에는 해당 건물의 공실률뿐만 아니라 주변 지식산업센터의 공실률도 반드시 확인해야 한다.

공실률을 파악하려면 해당 건물 내 관리사무소에 문의하거나 공인중개사를 통해 확인할 수 있고, 직접 전체 건물의 공실률을 파악하는 것도 좋은 방법이다.

⑦ 임대가 맞춰진 물건

요즘은 우리나라 산업 경기도 주춤하고 지식산업센터도 많이 생겨서 전체적으로 봤을 때 수도권의 공실률과 공실기간이 조금씩 늘어나고 있다. 그래서 지식산업센터를 일반매매로 산 후에 임대를 맞추려면 시간이 좀 걸릴 수도 있다.

결국 공실기간이 길다면 시세보다 조금 싸게 지식산업센터를 매입하더라도 손해를 보는 경우가 있다. 그러니 이런 시기에는 지식산업센터를 매입할 때 세입자가 있는 호실을 매매하는 것이 좋다. 최소한 1년 이상의 계약 잔여기간이 있어야 하고, 만약 계약기간이 얼마 남지 않았다면 매매하면서 동시에 다시 계약해 2년 정도 세입자를 맞춘 후에 구매하는 것이 좋다.

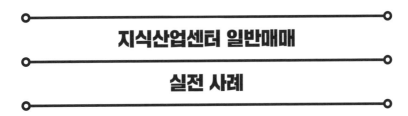

지식산업센터 일반매매
실전 사례

이제부터 실제로 투자한다는 생각으로 주요 사항들을 확인해보자.

> 다음 사례로 든 지역은 국가산업단지 지역으로 원칙적으로 부동산 임대사업
> 이 불가하다. 다만 서울에서 지식산업센터가 가장 많은 지역으로 독자들의
> 이해가 쉽도록 가정했음을 알린다.

① 입지

투자하려는 지식산업센터 및 그 주변 지식산업센터를 같이 봐야 한다.

위의 지도를 살펴보자. 가산디지털단지역 앞 지식산업센터의 매매가격은 평당 1천만~1,200만 원 사이다. 매매를 검토했던 지식산업센터는 지하철역과 거리가 약간 떨어져 있기 때문에 670만 원 정도로 저렴한 편이었다. 지식산업센터는 위치에 따라서 매매가의 차이가 크지만, 임대가는 크게 차이가 나지 않기 때문에, 수익률 측면에서는 매매가가 저렴한 물건이 좋다. 다만 수익률이 아무리 좋더라도 세입자를 구하지 않으면 성립되지 않으므로, 이 지식산업센터의 경우는 공실률이나 주변 분위기가 더 중요하다고 할 수 있다.

② 주변 지역 분양 및 입주 물량

지도에 보라색으로 표시된 부분이 신규로 분양하는 물량이며, 매매를 검토하기 바로 전에 가산디지털단지역 건너편에 위치한 SK V1의 입주가 진행되고 있었다. 당연히 매매 당시에 주위 입주물량에 따른 영향을 잘 살펴봐야 한다.

③ 가격 경쟁력

가격적으로 경쟁력이 있는지 알아보기 위해서는 현재 그 건물 내의 매매가격과 과거 매매가격을 살펴봐야 한다. 주위 단지 내의 다른 건물들의 가격도 마찬가지다.

④ 상품 경쟁력과 인테리어 현황

부동산 사장님과 통화를 통해서 해당 물건의 경우, 전용면적 36평이 그 건물 내의 일반적인 평수임을 확인할 수 있다. 또한 물건은 현재 창고로 사용되고 있으며, 인테리어가 전혀 안 된 상태였다. 즉, 매매가 되면 공실로 인테리어 작업 및 임대까지 맞춰야 하는 상황이다.

⑤ 수익률

이제 부동산 사무실에서는 어떻게 수익률을 산정해놓았는지 확인해보자. 부동산 사장님은 현재는 창고이지만 인테리어를 통해서 사무실을 4개로 쪼개면 제시한 월세를 받을 수 있다고 이야기했다. 그런데 수익률을 제시할 때 인테리어 비용이 빠져 있었다. 사무실을 4개로 쪼개는 데에는 2천만 원 정도의 비용이 들기 때문에 수익률에 비용 2천만 원을 추가해야 한다.

지식산업센터 답사내역 정리

단지명	평당가(만원)	분양가(만원)	임대가(만원)	준공연도	전용률	관리비(원)	주력평형	공실	비고
우림 라이온스밸리	1,100~1,200		220~250		64%	6,000~7,000		없음	2018년 2~3월에 임대가 세배 올았지만 작년부터 올해까지 계속 임대가 올지 않음. 건물이 낡았고 대부분 제조 중이 싸다. 임대인을 해야 임대를 맞출 수 있음. 임대받도 싸고 는 곳이 많아 시스템을 설치해야 함.
벽산2차	660~670	300~400 중반	170~180	2003	64%	3,500~4,000	40, 80평형	6개	임대 임대가가 180만원이었으나 떨어짐.
대륭8차	660~670	300~400 중반	170	2003	64%	3,500~4,000	30평형	1개	제조시설이 더 구성됨.
벽산8차	690~700	400 중반~500	160~170	2009	55%		40, 80평형	1개	산단제지역으로 매매가 이뤄지고 있음. 대가가 5년 방이나
대성 디큐브클라스	820		10~12평 기준 90~100/1,000	2010	50%		24평형	없음	단다 보니 공심도 매 있음. 24평이 단독호실도 돼어 있어 분할이 매매가 이뤄지고 있음. 경우 전기분양이 안 돼어 관리비 분할이 어려움. 임대시장을 하기 되면 선득세 감면이 안 됨.
에이스 디지트빌	건축 중	820	미정	2020	50%	6,000 이상(예상)	10~12평형	신규분양	우림라이온스밸리와 비교해 가격이 색상됨. 일단 평당 P150만원 불여 임음. 신규분양이라 보니 임대물건이 현재 많이 없지만 진메로 못 나오고 있는 상황. 9월 이후 임대가 맞춰질 것으로 예상하고 있음.
SK V1	1,100~1,200	750~850	미정	2018	50%	6,000 이상(예상)	신규분양	신규분양	2~3년 전 투자자들이 많이 들어왔다고 함. 한 35,500만원으로 자기자본 수익률은 5.2%, 신규가 5%에서 4%로 떨어진 상황. 10평대는 계속 회전하고 보니 지속적으로 쓰진 않음. 쓰기가 활성화는 개념으로 평수를 넓혀서 많이 임대함. 10~12평형은 소형으로 자주 임대가 변경 되므로 선호하지 않음.
W Center	1,100~1,200	750~850	미정	2018	50%	6,000 이상(예상)	신규분양	신규분양	신규분양
(주)케이이세	건축중	780~800	120/1,000 80/1,000	2020	50%	4000	20평형	없음	코너 호실은 80평이 있지만 매매물건이 없음. 임대가 겨 나가는 편. 반으로 나눠서 임대를 쓰는 것은 크게 의미가 없음. 반으로 나눠서
벽산디지털 6차	720		210/2100	2009	57%	4000	40평형	1개	110/1,100씩으로 하나 200~210/2,000으로 하나 수익률에서는 차이가 없음. SK V1과 W Center의 입주가 시작된면서 새 건물에 대한 수요가 많으므로 30~40평형을 조개는 수요는 별도 없음.
KCC 웰츠밸리	750	190/1,900		2010	53%	4,000~4,500	30~40평형	1개	임대를 맞추기 쉽지 않음
교호움터지별 타워레스넘								없음	임대를 맞추기 쉽지 않음

이렇게 사전에 손품을 조사한 후에 본격적으로 실제 현장에 가서 하나하나 살펴보아야 한다. 실제 현장답사에서는 해당 물건과 주위 상황 등을 종합적으로 조사해야 한다. 조사가 끝나면 내용을 정리한다. 정리한 표는 이전 페이지를 참고하자.

SK V1과 W Center의 입주가 시작된 시점에 24~30평 초반까지의 임대수요가 몰리고 있어 기존 단지는 임대를 맞추기 쉽지 않다. 더욱이 2010년 이전에는 30~40평형대의 지식산업센터가 많았으나 2010년 이후 20평형대가 생겨나면서 중소기업들이 입주해 수요가 몰리고 있으며, 제조업 등이 있는 30~40, 60, 80평형대의 수요는 줄어들고 있는 상황이다. 특히 60, 80평형대를 주로 사용하던 제조업체의 경우에는 부천, 산본 등지로 나가는 상황으로 판단된다. 2018년에 입주가 시작된 SK V1과 W Center는 24평형이 주평형이고, 새로 짓고 있는 에이스디지포레, (주)케이이씨, K1 등은 주로 10~12평형대로 짓고 있다.

이런 상황에서 30~40평형이 주를 이루고 있는 기존 단지에서는 오히려 쪼개기보다는 기존의 평형을 유지하면서 가격 경쟁력을 높이기를 추천한다. 다만 전년도에 비해 임대를 맞추는 게 쉽지 않아 공실의 위험이 있다고 한다.

벽산2차와 대륭8차만 공실이 있으며, 주변 다른 단지 내에 공실은 1~2개이거나 임대가 다 차서 없는 것으로 파악되었다. 벽산2차와 대륭8차의 건물은 낡았고 제조시설이 많이 들어와 있던 곳이라 요즈음 트렌드에 맞지 않는 건물로 인식되고 있다. 그래서 임대를 맞추기 위해서는 인테리어를 해야 한다.

이런 내용을 종합해보면 이 물건을 사서는 안 된다는 결론이다. 결국 매입을 하지 않았다.

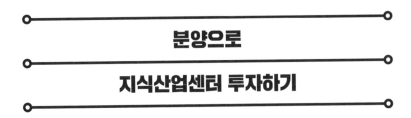

분양으로

지식산업센터 투자하기

○

분양은 어떻게 투자하는 것일까?

　지식산업센터의 매입방법 중 일반매매를 먼저 살펴보았고, 이번에는 분양에 대해서 살펴보고자 한다. 분양은 크게 분양권 자체에 투자하는 방법과 등기까지 완료 후 임대 또는 자가로 사용하는 방법이 있다.

　우선 분양권을 알아보자. 지식산업센터 분양권은 주택과 다르다. 최근 수도권의 주택(아파트) 시장은 규제정책이 시행되어서 분양권 전매가 제한된다. 조정지역에서 주택청약을 받은 경우 분양권 전매제한은 소유권 이전등기 시까지이며, 투기과열지구에서 주택청약을 받아 당첨된 경우에는 무조건 소유권 이전등기 시(최대 5년)까지 전매가 제한된다. 또한 규제지역(조정지역·투기지역·투기과열지역)의 100실 이상 오피스텔 단지의 청약이 당첨되어 분양권이 있는 경우 소유권 이전등기 또는 사용승인일로부터 1년 중 짧은 기간이 적용된다. 반면에 지식산업센터는 이러한 분양권에 대한 전매제한이 전혀 없다. 등기 전까지 수차례 사고팔아도 양도차익에 대한 과세만 적용되기 때문에 좋은 입지의 지식산업센터 분양권에 투자해 큰 차익을 남긴 사람들이 많다.

또한 지식산업센터를 분양받아 소유하면서 임대를 통해 임대수익을 지속적으로 얻는 투자자들이 늘고 있다. 수도권 지식산업센터의 경우 평균 수익률은 대출 전 3~7%, 대출 감안 시 10~20%까지 얻을 수 있다.

이처럼 지식산업센터 투자 시 분양을 통해 양도차익과 임대수익이라는 두 마리 토끼를 잡을 수 있다. 하지만 최근 수도권 지식산업센터의 분양건수가 많이 늘어났고, 이로 인해 공급과잉 문제도 발생하고 있다. 결국 여러 가지 요인들을 잘 살펴보고 투자하는 안목을 기르는 것이 중요하다.

지식산업센터 분양의 특징을 정리하면 다음과 같다.

① 공급의 증가

투자자 및 실수요자의 인기에 힘입어 전국에서 지식산업센터의 분양승인 건수가 해마다 늘고 있다. 전국 지식산업센터의 분양은 2014년 이후 매년 큰 폭으로 늘었으며, 2014년 기준 37건이던 것이 2018년에는 전체 분양건수가 130여 건에 이르러 350% 이상 급증했다.

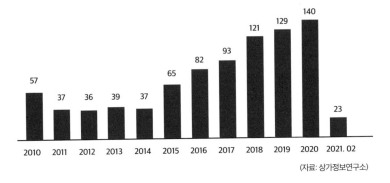

전국 지식산업센터 연도별 승인건수

(자료: 상가정보연구소)

이렇게 지식산업센터의 분양이 늘고 있는 이유는 ① 투자자 및 실사용자 들의 관심 증가 ② 정부의 일자리 창출 정책에 따른 효과 ③ 중대형 시행사 및 건설사들의 진출 등의 영향이다.

또한 지역적으로는 대부분 수도권에서 분양이 이루어지고 있다. 대표적으로 서울에서는 서울디지털단지(구로·가산), 성수동 지역, 영등포·문래 지역, 문정지구 등이 있다. 경기도의 경우는 화성시, 하남시, 시흥시, 부천시, 용인시, 수원시, 안양시 등 기존의 지식산업센터가 많은 지역과 신도시의 테크노밸리 조성에 따른 지식산업센터가 증가하고 있다.

② 규모의 대형화

최근 지식산업센터의 특징 중 한 가지는 규모가 굉장히 커지고 있다는 것이다. 지식산업센터의 매매와 임대료에 중요한 영향을 미치는 요소 중 하나가 바로 연면적이다. 연면적이 크면 공용공간(주차장 및 편의시설 등)이 넓기 때문에 쾌적하며, 필요한 모든 편의시설들이 들어오기 때문에 입주하는 회사들도 선호한다. 또한 분양하는 건설사 입장에서도 분양 한번에 많은 수익을 얻고 부대비용을 절감할 수 있어 점점 규모가 커지고 있다.

서울은 지을 수 있는 땅이 크지 않기 때문에 대형화가 불가능하지만 경기도 및 다른 곳은 충분히 가능하다. 경기도에서는 5만 평 이상의 지식산업센터가 계속해서 분양 중이다. 광명국제디자인클러스터(GIDC)는 연면적 86,000평, 동탄IX타워는 연면적 86,700평, 기흥ICT밸리는 연면적 59,800평 등으로 앞으로도 대형화 추세는 계속될 예정이다.

③ 복합시설화

지식산업센터의 대형화와 함께 따라오는 것이 바로 복합화다. 최근 분양 중이거나 입주한 연면적이 큰 지식산업센터에는 대형 영화관, 기숙사, 스트리트형 쇼핑몰 등 다양한 시설들이 들어오고 있다. 2017년 입주한 용인테크노밸리는 지식산업센터 내에 메가박스가 들어가 있으며, 2018년 분양한 동탄IX타워는 지식산업센터 내에 오피스텔(615실), 대형 상가(6천 평)가 포함되어 있다. 이외에도 기흥ICT밸리(CGV), 하남 미사 SK V1(메가박스) 등의 사례를 볼 수 있다.

또한 도서관, 전시공간, 하늘정원 등 지식산업센터에서 근무하는 직원들 외에도 지역주민들도 함께 이용할 수 있는 시설들을 통해, 단순히 일만 하는 공간이 아니라 일과 여가활동, 삶의 공간으로 탈바꿈하고 있다.

○

분양 투자 시 장점과 단점

지식산업센터 분양을 잘 받으면 적은 돈으로도 큰 이익을 얻을 수 있다. 먼저 장점을 하나씩 알아보고자 한다.

① 초기 투자금이 적게 든다

지식산업센터는 보통 계약금 10%, 중도금 50%(무이자 대출), 잔금 40%의 조건으로 분양된다. 분양부터 준공까지는 대략 2~3년 정도의 시간이 소요된다.

투자자 입장에서는 전체 분양가의 10%의 돈만 있으면 준공 시까지 따로 준비해야 할 돈이 없다. 지식산업센터의 분양가와 매매가가 오르는 시장에서는 계약금만 투자해서 준공 후 시세차익을 올릴 수 있다는 장점이 있다.

② 원하는 호실 선택이 가능하다

아파트 분양은 청약 및 추첨을 통해서 호실을 정하지만 지식산업센터 분양은 대부분 현장에서 투자자가 원하는 호실을 선택할 수 있다. 그렇기 때문에 코너 호실이나 분양가가 싼 호실, 원하는 층수의 호실을 어느 정도 선택할 수 있는 여지가 있다. 일부 인기가 많은 호실은 경쟁으로 시행사의 배정을 통하지만 이러한 경우는 별로 없다.

물론 분양 초기에 돈 되는 호실이나 자가 사용 시 필요한 목적으로 원

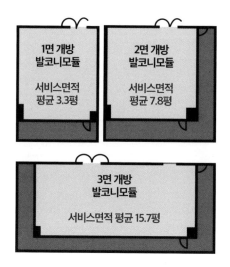

1면 개방
발코니모듈

서비스면적
평균 3.3평

2면 개방
발코니모듈

서비스면적
평균 7.8평

3면 개방
발코니모듈

서비스면적 평균 15.7평

코너 호실의 발코니 서비스 면적 예시

하는 평수의 선택이 가능하다. 예를 들어 2면, 3면의 코너를 가지고 있는 호실은 일반 호실에 비해 분양가가 평당 10만~20만 원 정도 비싸진다. 하지만 최대 20~30%의 면적을 서비스 면적으로 사용할 수 있기 때문에 나중에 실사용면적도 늘릴 수 있고, 다른 호실에 비해 좋은 조망도 확보할 수 있다.

③ 무제한 전매 가능, 분양권 전매로 프리미엄 수익을 창출한다

규제지역(투기지역·투기과열지구·조정지역)의 아파트, 오피스텔을 분양 시에는 최대 5년까지 분양권 전매제한이 시행되고 있지만, 지식산업센터는 이에 대한 규제가 전혀 없다. 따라서 분양을 통해 적은 돈(전체 금액의

서울 전체 지식산업센터 매매가격 추이

(가격단위: 만원/3.3m²)

(자료: 부동산114, 상업용 부동산 분기 리포트 2018Q3)

10%)으로 보유하다가 입주 전에 시세가 많이 오르면 분양권 전매를 통해서 전매차익을 크게 볼 수 있다. 분양권 상태이므로 다른 세금은 없고 양도차익에 대한 세금 50%만 내면 된다. 또 전매시기나 회수에 제한이 없기 때문에 자유롭게 거래가 가능하다.

특히 최근 몇 년 동안 서울과 경기 지역의 지식산업센터의 매매가격과 분양가격이 크게 오르면서 투자금 대비 몇 배의 수익을 얻은 경우도 적지 않다. 부동산114의 '상업용 부동산 리포트'에 따르면 서울 전체의 지식산업센터 평균 매매가격 추이는 2015년 1사분기에 평당 530만~540만 원이었으나, 2018년 3사분기는 평당 820만~830만 원으로 약 50~54%나 올랐다. 3년만에 평당 300만 원 가까이 오른 것으로, 평균 분양면적 50평이라고 하면 1억5천만 원 정도의 시세차익이 난 것이다.

2015년 당시 평당 550만 원, 분양평수 50평이면 분양가는 2억 7,500만 원이다. 계약금 10%로 계산 시 투자금은 2,750만 원이다. 이를 분양받아 2017년 말 2018년 1분기에 평당 750만 원 수준으로 입주 전 분양권 상태에서 매도했다고 하면 3억7,500만 원을 받았을 것이다. 1억 원의 시세차익으로 세전 275% 수익률을 보인다.

④ 동시에 여러 호실 투자 시 할인 분양도 가능하다

지식산업센터의 분양은 보통 여러 분양대행사를 통해서 이루어지며, 분양대행사는 일정 부분의 분양수수료를 받는다. 따라서 한 사람이 여러 호실을 분양받거나, 주위의 지인들과 여러 개를 묶어서 한번에 분양을 받는 방식으로, 분양대행사와 협의를 통해서 일정 부분의 할인을 받을 수 있다.

예를 들어 1개 호실의 분양가가 평당 800만 원이며, 분양평수가 50평일 때 4억 원이다. 동시에 5개 호실을 구입하며 전체 분양가의 3%를 할인받는다면 '20억 원×3% = 6천만 원'을 할인받게 된다. 1개 호실 기준으로는 1,200만 원이 된다. 이 상태에서 준공 전에 분양권 전매를 통해서 분양가격인 4억 원에 매도 시에는 전체 분양가의 10%인 4천만 원 투자를 통해 1,200만 원의 양도차익을 얻음으로 30% 수익을 얻는 것이다.

지식산업센터의 분양을 잘하면 많은 이익을 얻을 수 있지만 시기를 잘못 선택하거나 입지, 물건 등을 잘못 선택했을 경우에는 손해를 볼 수도 있다. 분양 투자 시 단점에 대해서 알아보면 다음과 같다.

① 최근 분양가가 크게 올랐다

그동안 지식산업센터 매매가격이 많이 오르다 보니 최근에 분양하는 지식산업센터는 현재 매매가에 비해서 분양가가 높게 형성된다. 즉, 지금 매매가에 2년 후의 프리미엄을 추가해서 분양하는 것이다.

만약 지금보다 2~3년 후에 매매가격이 오르지 않는다면 어떻게 될까? 부동산 시장의 분위기가 좋지 않은 조정장이 온다면 마이너스 프리미엄이 생길 수도 있는 것이다. 따라서 분양을 받을 때는 분양하는 지식산업센터 주변의 매매가와 입지, 상품 경쟁력을 반드시 따져서 분양가가 적정한지 꼭 확인해야 한다.

② 공급물량 증가에 따른 입주 시 물량 폭탄 위험이 있다

지식산업센터의 분양물량이 2014년 37건에서 2020년 140여 건으로 3.5배 이상 늘어났다. 짧은 시간에 분양물량이 늘어난 만큼 일부 지역은 공급이 수요를 초과하는 곳도 있다. 지식산업센터는 분양 후 입주까지 2~3년 정도 소요되므로 2019~2023년까지 입주물량이 급격히 늘어나고 있다.

자가로 사용하려는 목적으로 분양을 받은 사람들이 많은 단지라면 문제가 없겠지만, 최근 지식산업센터의 분양물량 중 40~50% 정도는 투자수요로 예상된다. 따라서 입주가 몰리게 되면 동시에 임차인을 구해야 하기 때문에 수요를 못 채울 가능성이 있다. 길게는 2년까지 공실인 상태가 되면 대출에 따른 이자 부담과 관리비의 부담으로 손실이 커질 수밖에 없다.

서울 및 경기도 지식산업센터 입주물량

서울시	입주물량	경기도	입주물량
금천구	30	화성시	34
성동구	20	시흥시	26
송파구	15	하남시	17
구로구	6	용인시	11
강서구	5	안양시	9
영등포구	1	수원시	7
		성남시	4
		의왕시	1

최근 몇 년 사이에 분양물량이 많았던 화성시(동탄테크노밸리), 시흥시, 하남시, 용인시는 각 지식산업센터의 입주시기 및 입주물량에 대해서 반드시 확인 후 투자해야 한다.

③ 준공 후 인테리어 비용 부담은 크지만 초기 임대료가 낮다

지식산업센터는 일반 주거용 주택과 달리 분양할 때는 공간 자체만 분양된다. 다시 말해 바닥, 기둥, 천장, 방화문 형태로 분양되며, 내부를 공장으로 사용하지 않고 사무실 등으로 사용하기 위해서는 에어컨과 칸막이 설치, 입구 인테리어 등의 비용이 추가된다. 기본적으로 최소 1천만 ~2천만 원의 비용이 든다.

또한 준공 후에 바로 임대를 줄 목적으로 투자했을 때에는 동시에 많은 물량이 공급된다는 점을 기억해야 한다. 다른 투자자보다 먼저 세입자를 구하기 위해서는 기본적인 인테리어와 함께 다른 호실에 비해서 좀 더 저렴한 월세로 내놓아야 한다. 그렇게 되면 수익률은 낮아질 수밖에 없다.

지식산업센터 분양 시
이것만 확인하자

분양 시 지식산업센터 선택기준

부동산 투자 가운데 지식산업센터가 다른 종류에 비해서 굉장히 매력적이기는 하나, 좋은 입지에 좋은 상품을 분양받아야만 성공적인 투자로 이어질 수 있다. 어떤 지식산업센터를 선택해 분양받아야 할지 알아보자.

① 입지 경쟁력이 있는 상품에 투자한다

부동산 투자를 논할 때 가장 중요한 요소가 바로 입지다. 심지어 부동산업계에서는 "첫째도 입지, 둘째도 입지, 셋째도 입지"라는 말이 있다. 지식산업센터 역시 입지가 가장 중요한 요소다.

지식산업센터에서의 입지는 과연 무엇일까? 앞에서 살펴보았지만 매매가와 임대가에 영향을 미치는 제일 중요한 요소는 바로 교통여건이다. 따라서 분양을 받을 때는 반드시 지하철역과의 거리, 지하철이 없는 지역이라면 직원들의 출퇴근이 가능한 대중교통이 편리한 곳을 가장 우선순위로 봐야 한다.

경기도 용인지역의 지식산업센터를 비교해보면, 지하철이 없는 곳과 지하철역(신분당선 라인)이 생긴 곳의 3~4년 후의 시세를 비교했을 때 2~3배의 차이가 난다는 사실을 알 수 있다.

교통여건으로 인한 현재 시세 비교

구분	입주시기	평당 분양가	현재시세	상승률
수지 유타워	2016년 5월	6,130,000원	9,650,000원	57%
흥덕 아이티밸리	2013년 10월	5,000,000원	6,040,000원	20.8%

② 상품 경쟁력을 고민해 투자한다

지식산업센터 내에서 상품 경쟁력이란 같은 지식산업센터 내에서도 다른 호실에 비해서 더 선호하는 호실을 말한다. 예를 들어 같은 층에 분양하는 여러 개의 호실 중 코너 호실은 일반 호실에 비해서 분양가가 평당 10만~20만 원(2~4%) 정도 가격이 높다. 하지만 일반 호실에 비해서 발코니 면적이 평수로 따지면 자체면적으로 4평(10~15%) 이상 넓다. 이런 호실은 확장을 해서 넓게 사용이 가능하고, 또한 조망이 양쪽으로 다 나오기 때문에 세입자 입장에서는 다른 호실에 비해서 선호한다. 이런 이유로 분양 시 코너 호실은 1개의 호실은 분양받을 수 없고, 최소 옆 호실과 묶어서 2개 또는 3개 호실을 같이 분양받는 조건으로 분양이 가능한 곳이 대부분이다.

또한 지식산업센터도 지역 및 용도에 따라서 선호하는 호실의 크기가 다르다. 요즘 분양하는 곳들은 여러 종류의 호실을 크기별로 다양하게 분양을 하는데, 그중에서도 선호하는 평수와 희소성 있는 평수가 있다면 그 호실은 나중에 인기가 많아질 것이다.

지식산업센터 가운데 드라이브인이 가능한 곳은 보통 저층인 2~3층이며, 나머지 층들은 일반 사무실 용도로 분양된다. 그런데 만약 고속도로와 가깝고 물류 이동이 편리한 곳이라면 층고도 높고, 화물차가 왔다 갔다 할 수 있는 호실이 선호도가 높을 것이다.

이렇게 몇 가지 예를 든 것처럼 다른 호실에 비해서 선호도가 높은 호실을 분양받는 것이 중요하다.

③ 지상층은 분양가가 제일 저렴한 층을 분양받는다

최근 연면적 4만~5만 평 이상이며, 고층(38~40층)으로 지어지는 곳은 지상층의 경우 대부분 평당 분양가가 다르다. 고층으로 갈수록 층마다 분양가가 5만~10만 원씩 올라간다. 10층의 높이 차이인데 분양가가 평당 50만~100만 원이나 차이가 나는 것이다. 예를 들어 11층의 분양가는 평당 600만 원인데, 30층의 분양가는 평당 705만 원 수준이다.

물론 층수가 높으면 조망과 채광이 좋다. 하지만 지식산업센터는 입주 후 대부분 사무실, 연구실 등으로 기업 업무에 사용하기 때문에 조망이나 채광에 따른 가격 차이가 크지 않다. 결국 층수에 따른 매매가 차이가 거의 없어진다. 따라서 초기에 분양을 받을 때 바로 앞에 장애물이나 가리는 부분이 없다면 지상층은 평당가가 저렴한 층의 호실을 분양받는 것이 나중에 더 오를 확률이 크다.

④ 신규분양이 적은 지역이 좋다

최근 수도권의 지식산업센터 분양물량이 크게 증가하면서 동시에 입주를 하는 지역도 늘어났다. 이런 지역은 수요에 비해서 공급이 많아서 세입자를 구하기도 힘들고, 오랫동안 공실로 남게 되는 경우가 생겨나고 있다. 따라서 분양을 받을 때는 반드시 주위에 경쟁이 될 만한 지식산업센터가 분양하는 곳, 앞으로 분양예정인 곳이 얼마나 있는지 파악을 하고 물량이 많으면 분양받지 않는 것이 좋다.

또한 분양받으려는 곳에 기존 지식산업센터가 있다면 현재 있는 곳의 공실률과 세입자들의 선호도, 주위 상가나 오피스 빌딩에 비해서 얼마나 경쟁력이 있는지에 대해서 확인한다. 그리고 나서 기존 지식산업센터와 비교해서 분양받으려는 곳이 과연 선호도가 어떨지 확인하는 것도 필요하다.

⑤ 대기업이 있거나 사무실, 연구실 등의 수요가 많은 곳이 좋다

지식산업센터도 수요와 공급의 법칙을 따라서 매매가와 임대료가 형성된다. 그래서 분양을 받고자 하는 수요가 많은 곳이 좋다. 주요 용도는 사무실, 연구실, 제조공장 등으로, 서울은 도심이나 산업단지 인근지역이 수요가 많으며, 경기도권은 대기업의 본사와 공장이 같이 있는 곳이나 산업단지 인근, 신도시 인근이 수요가 많은 편이다. 따라서 분양받으려고 하는 곳의 입지조건을 잘 보고 선택하는 것이 중요하다. 다만 아무리 조건을 충족시키는 곳이라도 교통이 불편하면 선호도는 떨어지기 때문에, 직원들 출퇴근에 영향을 미치는 교통조건이 가장 먼저다.

○
지식산업센터 분양 시 주의점

마지막으로 지식산업센터를 분양받고자 할 때 주의할 점을 이야기하면 다음과 같다.

① 분양상담사가 제시하는 수익률을 믿지 말자

지식산업센터는 수익형부동산이므로 분양상담사가 가장 중요하게 이야기하는 것이 수익률이다. 대부분 대출 없이 5~7% 정도, 대출을 받으면 10~20%의 수익률을 이야기하면서, 이 호실을 분양받으면 얼마의 월세를 충분히 받을 수 있다고 말한다. 하지만 몇 년 후에 얼마의 임대료를 받을 수 있을지는 아무도 모른다. 핑크빛 전망보다는 보수적으로 접근해야 할 필요가 있으며, 분양하는 사람들의 이야기는 반만 믿는 것이 좋다.

② 투자 목적으로 산업단지 분양은 조심해야 한다

산업단지 지역의 지식산업센터는 임대 목적으로 분양을 받는다고 해도 준공 후 바로 임대는 불가능하다. 초기 분양할 때는 직접 사용할지 임대 목적인지 알 수 없기 때문에 아무런 제약이 없다. 그래서 일부 분양대행사에서는 일반 임대 목적의 투자자에게도 제약사항에 대해서 고지하지 않고 분양하는 곳들이 있다. 나중에 입주가 다가오면 산업단지공단에서는 입주계약 및 공장등록 등의 과정을 거쳐야 한다고 이야기하며 실제로 점검을 나오는 곳들도 많다. 따라서 산업단지의 지식산업센터를 분양받고자 하면 이 부분에 대해서 꼭 고민을 하고 분양을 받기를 권한다.

③ 반드시 현장 방문을 하라

지식산업센터의 분양사무실이 현장과 가까운 곳도 있지만, 실제 현장과 좀 멀리 떨어져 있는 곳들도 있다. 그런데 많은 사람들이 분양을 받으면서 모델하우스에 설치되어 있는 조감도와 유니트, 입지조건만 본다. 하지만 실제 현장에 가보면 브로슈어나 모델하우스에 있는 정보와 비교해 다를 수가 있다. 그래서 계약 전에는 반드시 현장을 가서 살펴보며 분양상담사가 이야기했던 내용들과 차이가 없는지, 입지조건이 좋은지, 대중교통편이 어떤지, 주위 환경이 어떤지를 반드시 직접 눈으로 보고 확인해야 한다.

④ 자금 계획을 잘 세우자

지식산업센터를 분양받고 나서 준공까지는 계약금(분양가의 10%)만 있으면 가능하다. 하지만 잔금을 치를 때에는 충분한 자금이 필요하다. 초기 분양 시 80~90%까지 무조건 대출이 가능하다고 이야기하는 경우가 종종 있는데, 최근에는 정부에서 대출 규제가 시행되면서 잔금 대출 시 DTI, RTI 등을 보고 60~80%까지만 대출되는 경우도 있다.

또한 취등록세, 인테리어 비용 등의 추가 비용도 감안해야 하고, 투자 목적으로 구입했는데 세입자가 바로 들어오지 못하는 경우도 있을 수 있다. 그러므로 빠듯하게 자금을 준비하는 것보다는 충분히 준비하는 것이 좋다.

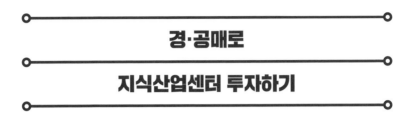

경·공매로
지식산업센터 투자하기

○

경·공매 가능한 지역 찾기

부동산을 취득할 때 가장 싸게 살 수 있는 방법 중 하나가 바로 경·공매를 이용하는 것이다. 지식산업센터 투자 시에도 경·공매는 굉장히 유용한 방법으로, 필자는 대부분 경·공매를 이용해 투자했다. 경·공매로 투자할 때 필요한 내용을 정리해보고자 한다.

계속 이야기했지만 투자(임대) 목적으로 산업단지(국가산업단지·일반산업단지·도시첨단산업단지·농공단지) 내 지식산업센터를 취득하는 것은 법으로 허용하지 않고 있다. 그래서 경·공매를 통해서 투자할 때는 반드시 일반지역인지 산업단지인지 확인한 후에 하는 것이 좋겠다.

① 일반지역(준공업지역·준주거지역 등)

해당 지식산업센터가 산업단지가 아닌 곳은 자유롭게 취득이 가능하므로, 가장 먼저 경매 정보지의 토지이용계획확인서를 보고 이 지역이 산업단지에 해당하는지 그렇지 않은지 확인이 필요하다. 일반적으로 수도권 내에서는 안양, 군포, 수원, 용인, 광교, 인덕원 등이 일반지역에 해당된다.

② 산업단지

직접 사용할 예정이거나 공장등록 후 일부분을 임대를 주는 경우 취득이 가능하며, 취득 후 법에서 정한 내용을 시행해야 한다. 이와 관련된 규정을 살펴보면 아래와 같다.

- 「산업집적활성화 및 공장설립에 관한 법률 시행령」 제6조(산업단지의 입주자격) 및 같은 법 제28조의5(지식산업센터에의 입주)의 자격을 갖춘 자만이 산업단지에 입주하여 사업영위 가능하다.
- 산업단지 내 산업용지 및 공장 등을 분양·매매·경매 또는 임차하여 입주하기 전, 산업단지 입주가능 업종인지 반드시 사전에 관리공단에 확인하여야 한다.
- 산업단지 내 용지 또는 건축물(공장)과 지식산업센터 공장의 분양·양수 경매 등과 같은 방법으로 취득하여 부동산 임대사업을 할 수 없다.
- 산업단지 내 용지, 건축물, 지식산업센터 취득 또는 임차하여 사용할 경우, 반드시 산업단지관리공단에 신고(입주계약 체결) 후 사업을 영위

하여야 한다.

- 경매 등에 의하여 입주기업체의 산업용지 또는 공장 등을 취득한 경우
  에는 6개월 이내에 입주계약을 체결하여야 하며, 이를 이행하지 아니
  하는 경우에는 1년 이내에 제3자에게 양도하여야 한다.
- 「산업집적활성화 및 공장설립에 관한 법률」 제52조에 의거 입주계약
  을 체결하지 않고 제조업 또는 그 외의 사업을 한 자는 3년 이하의 징
  역 또는 1,500만 원 이하 벌금에 처한다.

강의시간에 이와 같이 이야기하면 많은 사람들이 이런 질문을 한다.
"산업단지라도 싸게 사서 바로 팔면 안 되나요?" 경매로 모든 지식산업
센터(일반지역·산업단지)의 취득이 가능하다. 다만 산업단지는 직접 제조업
을 하지 않을 때에는 법에 따라 1년 안에 매각해야 한다. 자세한 내용은
법 조항을 참고하자.

Tip
산업집적활성화 및 공장설립에 관한 법률 시행규칙
[시행 2018. 12. 18.]

[산업통상자원부령 제322호, 2018. 12. 18., 일부개정]
제40조(경매 등에 따른 산업용지 등의 양도기간 등)
① 법 제40조제1항에 따라 입주기업체의 산업용지 또는 공장 등을 취득한
  자가 입주계약을 체결하여야 하는 기간은 취득한 날부터 1년 이내로 한
  다. 〈개정 2014. 11. 6.〉

---

② 법 제40조제1항에 따라 입주기업체의 산업용지 또는 공장 등을 취득한 자가 제3자에게 이를 양도하여야 하는 기간은 다음 각 호의 구분에 따른다.

1. 법 제39조제1항에 따른 유관기관의 경우: 영 제52조의2제2항에 규정된 기간

2. 제1호 외의 자의 경우: 제1항에 따른 기간이 경과한 날부터 1년

[전문개정 2009. 8. 7.]

질문한 것처럼 제조업을 안 하더라도 단순히 양도차익을 노리고 싸게 샀다가 바로 팔 수도 있다. 하지만 지식산업센터는 상업용 건물로 취득세가 일반 주택에 비해서 4.6%로 높고, 부대비용을 감안했을 때 시세보다 최소 20~30%만큼 싸게 사지 않으면 큰 실익이 없다. 또한 양도세 규정도 주택은 1년 이후 일반세율이지만, 지식산업센터는 1년 내 양도 시 50%, 2년 내 양도 시 40%, 2년 이후에나 일반세율로 적용된다.

산업단지 내의 공장을 취득한 후에 임대를 놓을 수 있는 과정은 어떻게 될까? '낙찰 → 소유권 이전 후 → 입주계약 → 실사 → 공장등록 → 3~6개월 후 입주계약 변경신고 → 승인' 과정을 거쳐 임대사업이 가능하다. 자세한 사항은 파트 4의 '산업단지에서 임대사업 하기'에서 자세히 설명할 예정이다.

경·공매 사이트 이용방법

경매정보는 어디서 얻을 수 있을까? 무료로 이용 가능한 사이트로는 대한민국법원 법원경매정보 사이트(www.courtauction.go.kr)를 이용하면 된다. 다만 무료 사이트이므로 등기부등본 및 권리분석 등의 서비스는 제공되지 않는다.

그래서 일반적으로 유료 사이트를 많이 이용한다. 유료 법원경매정보 사이트로는 탱크옥션(www.tankauction.co.kr), 굿옥션(www.goodauction.co.kr), 지지옥션(www.ggi.co.kr)이 있으며, 우선은 무료 기간(일주일 내외)을 이용해 보고 난 후에 각자 보기 편한 사이트를 골라 일정 금액을 지불하고 사용이 가능하다. 유료 사이트에서는 등기부등본, 건축물대장, 토지이용계획서 및 권리분석 등 투자자에게 필요한 정보를 제공해주며, 공매정보도 조회가 가능하다.

공매정보를 얻기 위해서는 무료로 이용 가능한 사이트로는 온비드(www.onbid.co.kr)가 있다.

경매정보 사이트에서 지식산업센터 검색법

탱크옥션 사이트에 회원가입 및 로그인을 하고 나면 좌측상단의 '경매검색 → 종합검색'을 선택하면 종합검색을 할 수 있는 화면으로 이동한다.

물건 선택 시 '상업용및업무용' 항목 중 '아파트형공장'의 체크박스를 체크한 후에 하단의 '검색' 버튼을 누르면 아래 그림과 같이 현재 경매가 진행 중인 지식산업센터 경매 물건이 나타나게 된다.

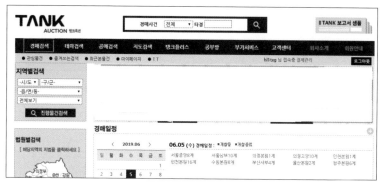

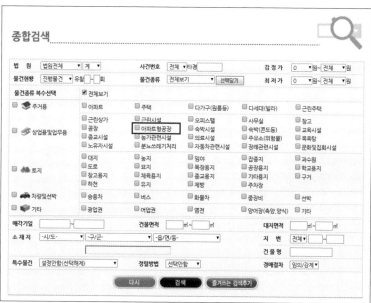

탱크옥션 종합검색 화면

사건번호 (물번)	사건	물건종류 및 소재지	감정가 최저입찰가	진행 상태	입찰일자 (시간)	조회수
18-	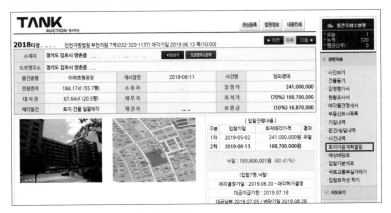	아파트형공장 경상남도 창원시 성산구 건물 157.92㎡(47.8평) , 토지 46.28㎡(14평)	307,000,000 196,480,000	유찰 2회 (64%)	2019.06.11 화(10:00) 입찰 6일전	54
18-		아파트형공장 경기도 군포시 건물 400.81㎡(121.2평) , 토지 135.77㎡(41.1평)	802,279,000 802,279,000	신건 (100%)	2019.06.11 화(10:30) 입찰 6일전	17
19-		아파트형공장 경기도 수원시 영통구 건물 285㎡(86.2평) , 토지 116.813㎡(35.3평)	392,000,000 392,000,000	신건 (100%)	2019.06.11 화(10:30) 입찰 6일전	46
18-:		아파트형공장 경기도 안산시 단원구 건물 428.97㎡(129.8평) , 토지 159.3354㎡(48.2평)	1,925,000,000 660,275,000	유찰 3회 (34%)	2019.06.13 목(10:30) 입찰 8일전	135
18-		아파트형공장 경기도 김포시 양촌읍 건물 184.17㎡(55.7평) , 토지 67.64㎡(20.5평)	241,000,000 168,700,000	유찰 1회 (70%)	2019.06.13 목(10:00) 입찰 8일전	97
18-		아파트형공장 광주광역시 광산구 건물 425.25㎡(128.6평) , 토지 232.329㎡(70.3평)	230,913,000 161,639,000	유찰 1회 (70%)	2019.06.13 목(10:00) 입찰 8일전	64
18-		아파트형공장 경상남도 창원시 의창구 건물 1605.5㎡(485.7평) , 토지 1060.36㎡(320.8평)	2,360,716,000 1,888,573,000	유찰 1회 (80%)	2019.06.14 금(10:00) 입찰 9일전	16

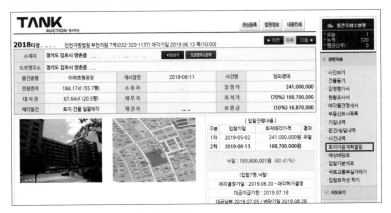

현재 진행 중인 지식산업센터 경매 사건 내역

현재 경매가 진행 중인 지식산업센터 물건들이다. 관심 있는 물건을
클릭하면 자세한 정보를 확인할 수 있다.

투자 전 꼭 확인해야 하는 것이 산업단지 내 여부다. 산업단지인지 아닌지 확인하기 위해서는 화면 오른쪽의 '토지이용계획열람'을 클릭한다.

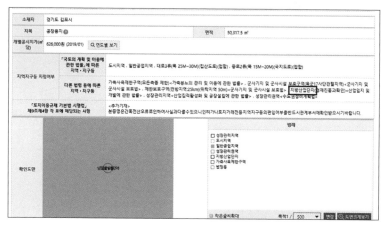

토지이용계획 화면

토지이용계획 화면에서 '지역지구등 지정여부'의 항목에서 '다른 법령 등에 따른 지역·지구등'의 설명을 읽어보면 "지방산업단지"라고 적혀 있다. 이 항목란에 국가산업단지, 지방산업단지, 도시첨단산업단지, 농공단지 등의 내용이 나오면 산업단지다.

연습 삼아 지금 진행 중인 물건 가운데 군포시의 물건을 동일하게 살펴보면 다음과 같다.

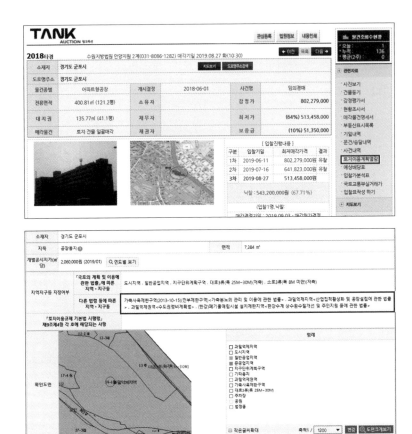

군포 지식산업센터의 토지이용계획 내역

토지이용계획의 지역·지구 등의 내역을 보면 산업단지에 관한 사항이 없다. 따라서 군포 지식산업단지는 산업단지 외 지역임을 알 수가 있다.

권리분석

지식산업센터는 세입자가 있을 경우에는 보통 월세이고 임대보증금이 크지 않으므로, 권리분석상 대부분 아무 문제가 없는 경우가 많다. 만약 확인하고 싶다면 경매정보 내용 중 임차인 현황과 등기부 현황을 통해 분석이 가능하다.

■임차인현황

·말소기준권리: 2003.11.19 · 배당요구종기: 2018.08.14

===== 임차인이 없으며 전부를 소유자가 점유 사용합니다. =====

| 기타사항 | ☞채무자(소유자)가 전부 점유 관리하고 있으며, 임대차 없다고 현장에서 만난 채권자외 위탁관리를 맡은 용역회사 금강티에스(주)의 직원인 문성권이 진술하고 있고, 채무자 겸 소유자인 파산자 연세디지털미디어 (주)의 파산관재인 정병택의 변호사사무실 직원 김윤업이 전화통화에 의하여 진술하고 있음.
☞세무서 발행 '상가건물 임대차현황서'에 '해당없음'으로 기재되어 있음
☞동사무소 발행 전입세대열람내역서에 '해당주소의 세대주가 존재하지 않음'으로 기재되어 있음.
☞지하층B112호, 1층B101호 출입문 옆에 '연세디지털미디어(주)'라는 상호의 간판이 걸려 있고, 출입문에는 이건 부동산은 서울회생법원 2018하합100055 파산선고, 파산관재인 변호사 정병택의 점유관리하에 있다고 안내문이 붙어 있음. |

■등기부현황

(채권액합계 : 1,076,500,000원)

No	접수	권리종류	권리자	채권금액	비고	소멸여부
1(갑2)	2003.10.24	소유권이전(매매)				
2(을2)	2003.11.19	근저당		240,000,000원	말소기준등기	소멸
3(을4)	2012.02.02	근저당		270,000,000원		소멸
4(을5)	2013.05.09	근저당		350,000,000원		소멸
5(을6)	2014.10.16	근저당		55,000,000원		소멸
6(갑6)	2018.04.18	가압류		161,500,000원	2018카단	소멸
7(갑7)	2018.06.01	임의경매		청구금액: 690,000,000원	2018타경	소멸
8(갑9)	2018.11.12	압류				소멸
기타사항	☞제1층 제101호 건물 등기부상 ☞건물 등기부상 최선순위설정일자: 지하층 비112호) 2000.05.29. 근저당권					

경매정보에서의 임차인 현황과 등기부등본 현황

이 물건은 임차인이 없으며 권리분석란에 '말소기준등기'와 '소멸여부'에 경매 낙찰 후 모든 권리가 '소멸'되므로 큰 문제는 없다. 이렇게 권리분석상 문제가 없는 물건은 현재 감정가와 시세와의 차이 등을 조사한 후에 해당 기일에 법원에 출석해 본인이 원하는 입찰가격을 적어서 입찰하면 된다.

어떤 물건을 낙찰받아야 할까?

어떤 물건을 입찰할지는 개인의 문제다. 각자가 가지고 있는 자금 사정과 원하는 수익률 등에 차이가 나기 때문에 자신에게 맞는 물건을 선정할 필요가 있다. 다음과 같은 기준을 가지고 투자할 물건을 선정해보기를 추천한다.

산업단지 vs. 일반지역

임대만을 생각하고 있는 투자자는 일반지역의 지식산업센터를 선택해서 입찰하는 것이 좋아 보인다. 하지만 직접 사용이 가능하며 일부 구역만 임대를 놓을 예정이라고 한다면 산업단지 내에 있는 지식산업센터가 적합할 수 있다.

자금에 따른 금액대 선택

지식산업센터는 지역에 따라, 평형 구성에 따라서 1억 원 초반~수십억 원까지 굉장히 금액대가 다양하다. 각자의 자금 사정에 따라서, 대출이 얼마나 나올 수 있는지에 따라서 선택하도록 하자. 초보 투자자라면 전용면적 기준 20~30평대, 금액은 2억~4억 원 사이의 물건이 적당하다.

어느 지역을 선택할 것인가?

지식산업센터는 대부분 수도권(서울·경기·인천) 지역에 많이 있다. 최근에는 안산, 김포, 인천 등 순수 공장용도의 지식산업센터와 일반 사무실, 연구실로 사용하고 있는 서울, 용인, 안양, 군포 등의 물건이 주로 나오는데, 공장지역보다는 일반 사무실, 연구실 용도로 많이 사용되는 지역을 추천한다.

최근 경기 부진 및 제조업의 투자 부진으로 인해서 제조업 공장이 망해서 나오는 지식산업센터 물건들이 많다. 이런 지역은 제조업이 늘어나고 투자가 활성화되지 않는 한 임차인을 구하기 힘들기 때문에 투자하기 전 한번 더 고민해야 한다.

원하는 수익률과 월수익은 얼마인가?

지식산업센터는 수익형부동산으로서 수익률과 함께 수익금액이 중요하다. 통상적으로 대출 전 수익률은 3~7%, 대출 후 수익률은 10~20%가 가능하다. 당연히 입찰 전에 매매시세와 임대시세를 조사해 낙찰가를 정하고 원하는 수익률과 수익금액이 나오는지에 대해서 반드시 직접 확인해야 한다.

○

경·공매로 취득 시 주의점

지식산업센터를 경·공매로 취득할 때는 반드시 확인해야 할 사항이 몇 가지 있다. 이 부분이 정확하게 확인되지 않으면 입찰을 하지 않는 것이 좋다.

① 관리비 연체금액

일반 주거용 경·공매 물건과 달리 지식산업센터는 회사가 망해서 경·공매로 나오게 된다. 그래서 수년 동안 관리비가 연체되어 있을 수 있다. 그동안의 경매 경험으로 보았을 때 연체금액이 2천만~3천만 원에 이르기도 한다. 보통 유료 경매 사이트에서는 주거용의 경우 대부분 관리사무소를 통해 관리비 연체금액을 제공해주지만, 지식산업센터의 경우 아직까지 그러한 서비스를 제공해주지 않는다.

따라서 경매 입찰 전에 반드시 관리사무소를 통해서 연체된 공용관리비가 얼마나 되는지 확인할 필요가 있다. 간혹 관리사무소에서 알려주지 않는 곳도 있다. 그럴 때는 우편함을 확인해보자. 관리비 고지서가 쌓여 있을 가능성이 높으며, 이 우편물을 통해 확인이 가능하다.

② 내부 장비가 경매 감정가에 포함되었는지 확인할 것

회사가 망해서 경매에 나올 때 공장은 「공장저당법」에 의해서 건물과 함께 기계도 감정가에 포함되어 나온다. 실제 경매로 나온 물건을 보자.

2016타경	수원지방법원 안양지원 1계(031-8086-1281) 매각기일 2018.02.27 화(10:30)			← 이전	목록	다음 →
소재지	경기도 군포시	지도보기	도로명주소검색			
도로명주소	경기도 군포시					
물건종별	아파트형공장	개시결정	2016-07-13	사건명	임의경매	
전용면적	149.88㎡ (45.3평)	소유자		감정가	354,540,000	
대지권	50.77㎡ (15.4평)	채무자		최저가	(64%) 226,906,000	
매각물건	토지·건물 일괄매각	채권자		보증금	(10%) 22,700,000	

		[입찰진행내용]		
	구분	입찰기일	최저매각가격	결과
	1차	2017-09-19	354,540,000원	유찰
		2017-10-31	283,632,000원	변경
	2차	2018-01-09	283,632,000원	유찰
	3차	2018-02-27	226,906,000원	

구분	위치	사용승인	면적	이용상태	감정가격	기타
건물	9층중 2층	98.09.24	149.88㎡	아파트형공장	154,000,000원	
토지	대지권		7384㎡ 중 50.77㎡		66,000,000원	

■물건현황 · 감정원: 신후감정평가 / 가격시점: 2016.07.22

현황·위치
주변환경
* "호계3동주민센터" 남측 인근에 위치하며 부근은 군소공장 및 근린상가동이 밀집하고 있으며 경수대로 월편으로 아파트단지, 근린상가 등이 형성되어 있음.
* 본건까지 차량접근이 용이하며 인근에 시내버스 등이 운행되고 있어 대중교통 사정등 제반 교통상황은 무난함.
* 부정형으로 완경사지를 평탄하게 축조하여 아파트형공장 건물부지로 이용중임.
* 동측 일부가 폭 25m 대로와 접하며 서측으로 폭 8m미만 소로와 접하고 있음.

기계기구현황	등기소	관리상태	감정가격:134,540,000원
기계기구			134,540,000원

참고사항
* 기계기구포함.
* 감정평가서외 기계기구목록 기호1-3번은 제작후 20년경과하여 노후 되었으나, 현재 가동중이며 현상 및 관리상태는 보통이고, 동 기호4-7번은 현황 및 관리상태는 보통임(감정평가서).
* 현황서상 점유내용:출입문에 '두일정밀' 이라는 간판이 걸려 있음

이 물건의 감정가는 3억5,400만 원이다. 그런데 아래의 물건 현황을 살펴보면 건물이 1억5,400만 원, 토지가 6,600만 원이다. 즉, 지식산업센터에 관한 감정가액은 2억2,000만 원이다. 그런데 경매 진행에서는 기계기구라고 해서 추가로 1억3,454만 원이 기재되어 있고, 이 금액이 포함된 3억5,454만 원으로 진행되고 있다. 이유는 바로 「공장저당법」에 있다.

「공장저당법」이란 「공장 및 광업재단 저당법」의 약자로 다음 내용이 포함되어 있다.

제6조(저당권 목적물의 목록)

① 공장에 속하는 토지나 건물에 대한 저당권설정등기를 신청하려면 그 토지나 건물에 설치된 기계, 기구, 그 밖의 공장의 공용물로서 제 3조 및 제4조에 따라 저당권의 목적이 되는 것의 목록을 제출하여 야 한다.

제12조(공장재단의 단일성 등)

① 공장재단은 1개의 부동산으로 본다.

② 공장재단은 소유권과 저당권 외의 권리의 목적이 되지 못한다. 다만

저당권자가 동의한 경우에는 임대차의 목적물로 할 수 있다

제13조(공장재단의 구성물)

① 공장재단은 다음 각 호에 열거하는 것의 전부 또는 일부로 구성할 수

있다. 〈개정 2011. 5. 19.〉

1. 공장에 속하는 토지, 건물, 그 밖의 공작물

2. 기계, 기구, 전봇대, 전선(電線), 배관(配管), 레일, 그 밖의 부속물

3. 항공기, 선박, 자동차 등 등기나 등록이 가능한 동산

이런 이유로 건물 외에도 내부에 있는 기계기구까지 같이 포함되어 감정가로 나오게 된다. 문제는 감정가에 포함되어 나오지만, 그 기계기구라는 것이 실제로는 그만한 가치를 하는 경우가 드물다는 사실이다. 그래서 일반 사람들은 낙찰 후에 고물로 파는 경우가 대부분이다. 결국 경매를 입찰하고자 할 때에는 기계기구의 감정가만큼을 빼고 원래 건물에 대한 가격을 시작가로 보고 경매 입찰에 임해야 한다.

또 한 가지 문제는 대출 부분이다. 경매로 지식산업센터를 낙찰받게 되면 보통 감정가 또는 낙찰가 중 낮은 금액을 기준으로 80~90%의 대출을 해준다. 하지만 기계기구가 포함되어 있을 때에는 다음 계산식이 된다.

대출가능금액 = 감정가 또는 낙찰가 중 낮은 금액 × (80~90% - 기계기
구의 감정가 포함 비율)

위 사건을 기준으로 실제로 계산해보면 대출가능금액은 2억8,400만
원(낙찰가) - (90% - 37%) = 1억6,100만 원이 된다. 37%는 전체 감정가
인 3억5,400만 원에서 기계기구 가격이 1억3,450만 원이므로 감정가의
37%를 나타낸다. 결국 실투자금이 굉장히 많이 들어가게 된다.

③ 호실구분(격벽)이 설치되어 있는지 확인

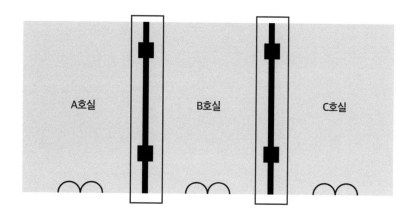

가끔 지식산업센터 경매 물건 중에 A호실만 경매에 나왔는데, A호실
과 B호실 사이에 격벽이 없는 상태로 하나의 사무실 혹은 공장 등으로
사용하고 있는 경우가 있다. 만약 A, B호실 모두 경매가 나왔거나, B호
실 소유주가 경매로 A호실을 낙찰받아 2개 호실 모두 한 명이 소유하게

되면 문제가 없다.

하지만 A호실 하나만 낙찰을 받고, 대출을 받으려고 보니 A, B호실 사이에 경계가 없이 하나의 공간으로 되어 있는 경우다. 최악의 상황은 대출이 불가하거나 대출이 되더라도 40~60%까지밖에 안 나올 수 있다. 은행에서 호수가 특정되지 않아 담보물로 잡는 것이 힘들기 때문이다. 이는 상가에서도 비슷하게 적용된다. 대출이 많이 나올 것으로 예상하고, 낙찰을 받았는데 나중에 대출이 안 되거나 계획보다 대출금액이 적어진다면 자금 계획에 문제가 발생할 수 있으므로 꼭 확인하도록 하자.

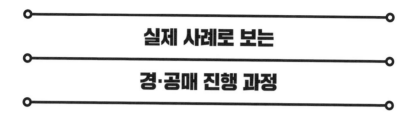

실제 사례로 보는
경·공매 진행 과정

○

실전 경·공매 1단계: 손품

실제 사례를 통해 전체적인 경·공매 진행 과정에 대해서 설명하고자 한다. 해당 물건은 2017년 필자가 직접 경매로 낙찰받았다. 먼저 경·공매 사이트에서 지식산업센터를 검색해서 사무실과 가까운 곳의 지식산업센터가 경매로 나와 있는 것을 확인했다.

해당 물건에 대해서 다음의 순서로 입찰 여부를 사전에 검토한다. 손품을 통한 사전 준비단계는 다음과 같다.

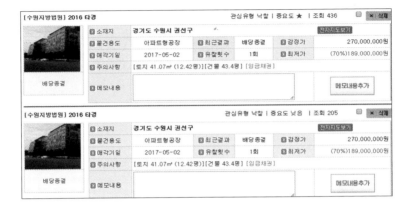

[수원지방법원] 2016 타경							관심유형 낙찰	중요도 ★	조회 436		× 삭제
배당종결	소재지	경기도 수원시 권선구								전자지도보기	
	물건용도	아파트형공장		최근결과		배당종결		감정가		270,000,000원	
	매각기일	2017-05-02		유찰횟수		1회		최저가		(70%)189,000,000원	
	주의사항	[토지 41.07㎡ (12.42평)] [건물 43.4평] [임금채권]									
	메모내용								메모내용추가		

[수원지방법원] 2016 타경							관심유형 낙찰	중요도 낮음	조회 205		× 삭제
배당종결	소재지	경기도 수원시 권선구								전자지도보기	
	물건용도	아파트형공장		최근결과		배당종결		감정가		270,000,000원	
	매각기일	2017-05-02		유찰횟수		1회		최저가		(70%)189,000,000원	
	주의사항	[토지 41.07㎡ (12.42평)] [건물 43.4평] [임금채권]									
	메모내용								메모내용추가		

① 입지확인

경매 물건을 보고 가장 먼저 확인해야 할 부분은 바로 입지다. 부동산에 있어서, 그중 지식산업센터에 있어서도 입지가 그만큼 중요하기 때문이다.

해당 물건은 수원에 위치하고 있다. 수원역과도 멀지 않으며, 앞으로 개통될 수인선 고색역까지 1km 거리에 있다. 수원과 화성의 삼성전자 및 관련 업체들과도 도로로 연결되며, 위쪽으로는 호매실지구와 인접해 수원광명고속도로와도 멀지 않은 거리다. 이 정도면 입지는 괜찮은 편이다.

② 산업단지인지 일반지역인지 확인

토지이용계획을 통해서 산업단지 여부를 확인한다. 해당 물건은 지방산업단지에 속함을 알 수 있다.

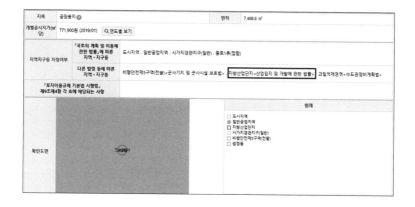

필자는 기존에 제조업·도소매 등 사업을 하고 있으므로, 산업단지여도 공장등록 및 추가 사업용지로 사용이 가능하기 때문에 큰 문제는 없다. 그렇지 않다면 앞서 말한 산업단지에 관한 법률을 잘 살펴보고 실제 사업을 하거나, 모든 과정을 정식으로 거칠 수 있는 경우에 입찰하기를 권한다.

③ 권리관계 확인

경매에 있어서 권리관계는 법원의 매각물건 명세서와 등기부등본에 있는 권리관계를 분석하면 된다.

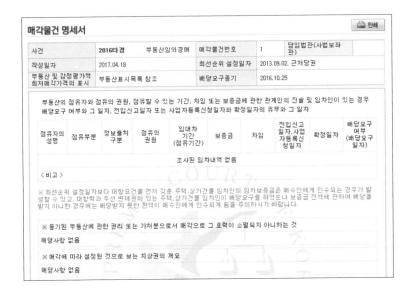

매각물건 명세서에서는 가장 먼저 '최선순위 설정일자'를 살펴본 후에 임대차내역을 통해서 최선순위 설정일자보다 빠른지 늦은지에 따라서 인수권리의 유무를 알 수 있다.

해당 사건은 최선순위 설정일자가 "2013.09.02. 근저당권"이며, 임차내역이 없으므로 문제될 것은 없다. 또한 하단에 있는 "등기된 부동산에 관한 권리 또는 가처분으로서 매각으로 그 효력이 소멸되지 아니하는 것"란에 "해당사항 없음"으로 나와 있으므로 특별한 문제는 없다.

임차인현황	매각물건명세서상 조사된 임차내역이 없습니다				🔲 매각물건명세서	🔲 예상배당표

건물 등기 사항 ▶ 건물열람일 : 2016-08-25 🔲 등기사항증명서

구분	성립일자	권리종류	권리자	권리금액	상태	비고
갑1	2010-05-10	소유권	한국전자게임산업협동조합		이전	보존
갑2	2010-05-10	소유권	한국자산신탁		이전	신탁
갑4	2011-03-21	소유권		(거래가) 214,730,000원	이전	매매
을2	2013-09-02	(근)저당	신한은행	300,000,000원	소멸기준	(주택) 소액배당 6500 이하 2200 (상가) 소액배당 4500 이하 1350
을3	2014-11-07	(근)저당	신한은행	432,000,000원	소멸	
을5	2016-04-14	(근)저당	인스코비	350,000,000원	소멸	
을5-1	2016-07-19	가처분(근저당)	신용보증기금	서울남부지방법원 (2016카)	소멸	근저당권가처분 가처분등기보기
을5-2	2016-08-03	가처분(근저당)	기술신용보증기금	서울남부지방법원 (2016카)	소멸	근저당권가처분 가처분등기보기
갑5	2016-07-06	가압류	신용보증기금	276,250,000원	소멸	
갑6	2016-07-19	가압류	기술신용보증기금	340,000,000원	소멸	
갑7	2016-08-11	임의경매	신한은행	청구 : 732,000,000원	소멸	2016타경22737(배당종결)
갑8	2016-08-22	압류	국민건강보험공단		소멸	(징수부-905877)

등기부등본을 정리해놓은 표를 보면 매각물건 명세서에 나와 있는 최선순위 근저당권이 "소멸기준"으로 강조되어 있고, 이후에 많은 권리들이 전부 "소멸"이라고 적혀 있다. 이것으로 권리상 문제가 없는 것을 알 수 있다.

④ 매매가와 임대가 등을 확인

다음으로 감정평가상 금액이 맞는지 확인해야 한다. 경매는 보통 처음 시작할 때부터 입찰까지 짧게는 3~6개월, 길게는 2~3년의 시간을 두고 진행되기 때문에 감정평가 당시와 현재 시세가 많이 차이 날 수 있다. 그래서 감정평가일과 감정평가서만 믿으면 안 되고 실제로 네이버 부동산의 매매 및 임대 시세를 보고 부동산에 확인하거나 네이버나 다음 블로그를 통해서 현재 시세를 정확히 파악해야 한다.

2. 거래사례의 선정

동일 건물 내 거래사례로 대상물건과 물적 유사성이 높고, 비교적 최근에 거래된 〈사례 #1〉을 선정함

사례	소재지	건물명	층/호수	전유면적 (㎡)	대지권 (㎡)	거래금액 (천원)	자료 출처	거래시점 / 사용승인일
#1	고색동	휴먼**	9층/***	131.99	37.78	250,000,000	실거래 자료	2016.6.26. / 2010.4.

6. 시산가격

기호	거래사례	사정 보정	시점수정	가치형성 요인비교	면적비교	시산가격	비고
1	250,000,000	1.00	1.00104	1.00	1.087	272,032,620	
2	250,000,000	1.00	1.00104	1.00	1.087	272,032,620	

※면적비교
  : 143.48/ 131.99 = 1.087

감정평가서

감정평가서에서는 감정평가 전의 거래사례와 평수, 시점 등을 고려해 2억7,200만 원으로 가격을 정했다. 네이버 블로그를 통해서 조회해봤을 때는 해당 정보가 잘 나와 있지 않아서, 해당 건물 내의 부동산에 연락해서 확인해보니 가격은 2억7천만~2억7,500만 원 수준이었고, 감정가와 큰 차이가 없는 것을 알 수 있다. 또한 임대가격은 2천만/150만 원 수준임을 알 수 있다.

수익률표(평당가 3,919,873원 가정)

(단위: 원)

구분	대출 없음	대출 70%	대출 80%	대출 85%	대출 90%
전용면적	43.40m²				
분양면적	69.39m²				
매매가	272,000,000	272,000,000	272,000,000	272,000,000	272,000,000
보증금	20,000,000	20,000,000	20,000,000	20,000,000	20,000,000
대출금액	0	190,400,000	217,600,000	231,200,000	244,800,000
초기 투입금액	252,000,000	61,600,000	34,400,000	20,800,000	7,200,000
월세	1,500,000	1,500,000	1,500,000	1,500,000	1,500,000
월 이자 (3.5% 기준)	0	555,333	634,667	674,333	714,000
월수익	1,500,000	944,667	865,333	825,667	786,000
연수익	18,000,000	11,336,000	10,384,000	9,908,000	9,432,000
수익률	7.14%	18.40%	30.19%	47.63%	131.00%

현재 매매가 대비 임대수익률이 상당히 좋은 편이다. 경매로 조금만 싸게 낙찰을 받는다면 투입금액도 얼마 안 되고 높은 수익률로 임대를 놓을 수 있다.

⑤ 내부 구조와 연식 등 확인

내부 구조, 연식, 전용률 등은 감정평가서에 자세히 나온다. 2010년 4월 준공된 건물로 지하 1층, 지상 10층이며, 전용률은 62.6%로 전형적인 제조업 위주의 지식산업센터임을 알 수 있다. 공장용도로 많이 사용

(3) 대상물건개요

1) 소재지 : 경기도 수원시

2) 사용승인일 : 2010년 4월

3) 용도 : 지상 10층 지하 1층 공장 및 근린생활시설

4) 면적 등

기호	호수	전유면적	공유면적	대지권면적	비고
1		143.83	85.5	41.07	
2		143.83	85.5	41.07	

감정평가서

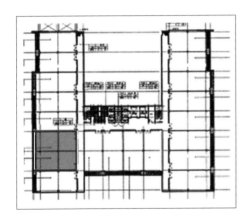

되는 곳은 화물엘리베이터의 위치 및 크기, 복도의 넓이 등도 중요하므로 추가로 확인이 필요하다.

내부 구조도를 보면 도면이 흐릿해 명확히 구분은 되지 않지만 건물이 'ㄷ'자 형태로 가운데 부분에 엘리베이터와 화물엘리베이터가 있다. 정확한 형태는 실제 현장답사를 통해서 확인할 필요가 있다.

사전 검토를 통해 입지, 수익률, 연식 등 모든 면에서 좋은 조건임을 확인했다. 다음으로는 현장답사를 통해서 추가적인 사항을 반드시 확인해야 한다.

o

실전 경·공매 2단계: 현장답사

지식산업센터 경·공매 입찰 시 가장 중요한 부분이 바로 현장답사를 통해서 중요한 내역을 직접 확인하는 것이다. 다음 항목들을 반드시 확인하기 바란다.

① 관리사무소 들르기

현장답사를 가서 가장 먼저 해야 할 일은 관리사무소를 들르는 것이다. 관리사무소는 보통 오전 9시에 출근해서 오후 6시에 퇴근하므로 근무시간 중에 방문해야 원하는 정보를 얻을 수 있다.

관리사무소에서는 관리비 연체금액, 내부의 공실 여부, 짐이 있는지 없는지, 건물 내의 공실률, 경매 관련해서 문의가 얼마나 왔는지에 대해서 확인한다. 대부분 관리비 연체 내역은 알려주지만, 나머지 정보는 알려주지 않는 곳도 많다.

② 우편함 확인하기

보통 건물의 지하 1층 또는 지상 1층에 우편함이 있다. 우편함에 관리비 고지서, 각종 우편물이 얼마나 쌓여 있는지 등을 통해서 사업을 계속하고 있는지 폐업을 했는지 알 수가 있다. 또한 우편물을 통해서 어떤 업종과 관련이 있는지 알 수 있는 경우도 있다.

③ 해당 호실 방문하기

경매에 나온 호실을 방문해 가능한 한 많은 정보를 확인할 필요가 있다. 해당 호실의 층고, 인테리어 현황, 호실별 분리 여부, 화물용엘리베이터와의 거리 및 동선, 내부 조망, 내부에 짐이 있는지 없는지 등을 확인하는 것이 좋다. 세입자가 있거나 내부에 사람이 있으면 가능한 한 내부에 들어가서 조심히 살펴보며, 대화를 통해 많은 정보를 얻는 것이 좋다. 하지만 폐업으로 문이 굳게 닫혀 있을 때에는 정보 습득에 한계가 있다.

분양 당시 문(왼쪽)과 인테리어가 되어 있는 문(오른쪽)

일반적인 지식산업센터의 출입문은 방화문으로 되어 있다. 왼쪽 사진은 분양 당시의 문 상태로 인테리어가 전혀 되어 있지 않음을 알 수 있다. 오른쪽 문은 실제로 현장답사를 통해서 경매 물건을 사진으로 촬영한 것으로, 인테리어가 어느 정도 되어 있음을 알 수 있다.

그동안의 경험으로 보면 왼쪽과 같은 형태는 공장으로 사용되는 곳이므로 내부에 인테리어가 거의 되어 있지 않으며, 오른쪽과 같은 형태는 사무실로 사용되었던 곳으로 내부에도 어느 정도 인테리어가 되어 있을 것으로 추정이 가능하다. 실제로 물건 2개 중 1개는 왼쪽과 같은 형태, 다른 1개는 오른쪽과 같은 형태로 1개 호실은 사무실, 1개 호실은 공장으로 사용되었음을 알 수 있다.

오른쪽 사진 문에는 안내장이 붙어 있었다. 안내장은 파산관재인이 붙여놓은 것으로, 파산관재인이 관리하고 있다는 내용과 담당자 연락처가 있었다. 이렇게 파산관재인이 있는 물건은 반드시 해당 전화로 전화를 걸어서 안에 짐이 있는지 여부와 인테리어 여부 등을 자세히 물어보자. 어느 정도 답을 얻을 수 있다.

지식산업센터 내부: 분양 시(왼쪽)와 인테리어 후(오른쪽)

왼쪽 사진은 일반적으로 분양상태의 모습으로 기둥, 벽, 천장, 바닥만 있을 뿐 아무 시설이나 칸막이 등이 없으며, 오른쪽 사진은 사무실 형태로 사용 시 내부에 칸막이와 유리문 등을 설치한 모습이다.

④ 부동산 중개업소 찾아가기

부동산 중개업소는 현재 시세, 임대가, 공실률, 최근 분위기 등을 알수 있기 때문에 꼭 방문해야 한다. 다만 경매건으로 문의를 하면 제대로 대답을 해주지 않거나 내쫓는 경우가 있으므로 가급적 실수요자인 것처럼 방문해 문의하는 것이 좋다.

또한 부동산 중개업소는 한 군데만 방문하기보다는 2~3군데를 방문해 물어봐야 한다. 중개업소 사장님의 성격에 따라서 부정적으로 이야기하는 곳과 긍정적으로 이야기하는 곳이 있을 수 있고, 시세도 약간씩차이 나게 이야기하기도 한다. 해당 물건에 대한 내용 외에도 주위에 분양하고 있는 지식산업센터가 있는지에 대해서도 물어볼 필요가 있다.

⑤ 주위 지식산업센터 확인하기

자신이 입찰하려는 지식산업센터 외에 주위에 이미 입주하거나 분양 중인 지식산업센터가 있으면 반드시 어느 쪽이 더 경쟁력 있는지에 대해서 확인해야 한다. 다른 지식산업센터 있는 경우 입찰예정 물건에 비해서 입지는 좋은지, 연식은 어떻게 되는지, 공실률은 얼마인지, 매매가와 임대가는 어느 정도 수준인지, 건축연면적은 얼마나 되는지, 입주하려는 사람은 어느 곳을 더 선호하는지 등을 확인한다. 분양 중인 지식산업센터가 있는 경우 입지적으로 더 좋은지 나쁜지, 분양가, 내부 구조, 건축면적, 기타 장단점을 확인한다.

이렇게 기본적인 확인이 끝나면 그 내용을 가지고 나름대로 입찰검토 보고서를 만든다.

실전 경·공매 3단계: 입찰검토보고서

입찰검토보고서는 손품을 판 결과 및 실제 현장답사 내용을 가지고, 입찰 여부와 입찰가 등을 검토하는 목적으로 사용한다. 필자가 만든 입찰검토보고서는 다음과 같다.

입 찰 보 고 서

2016 타경
지식산업센터(아파트형 공장)

경기도 수원시 권선구 .
입찰기일 : 2017년

1. 물건 현황

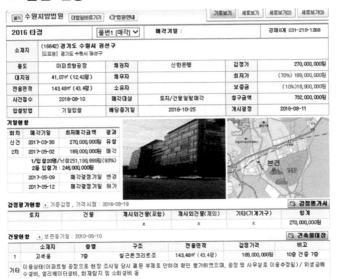

1) 보존등기: 2010년 5월 10일(7년 된 건물)
2) 건물 현황: 7층 아파트형 공장
3) 유권: 하○○○
4) 물건 현황: 7층

2. 권리분석

| 임차인현황 | 매각물건명세서상 조사된 임차내역이 없습니다 | | | | 🔲 매각물건명세서 🔲 예상배당표 | | |

건물 등기 사항 ▶ 건물열람일 : 2016-08-25 🔲 등기사항증명서

구분	성립일자	권리종류	권리자	권리금액	상태	비고
갑1	2010-05-10	소유권	한국전자게임산업협동조합		이전	보존
갑2	2010-05-10	소유권	한국자산신탁		이전	신탁
갑4	2011-03-21	소유권	하○○○	(거래가) 214,730,000원	이전	매매
을2	2013-09-02	(근)저당	신한은행	300,000,000원	소멸기준	(주택) 소액배당 6600 이하 2200 (상가) 소액배당 4500 이하 1350
을3	2014-11-07	(근)저당	신한은행	432,000,000원	소멸	
을5	2016-04-14	(근)저당	안스효비	350,000,000원	소멸	
을5-1	2016-07-19	가처분(근저당)	신용보증기금	서울남부지방법원 (2016카합20336)	소멸	근저당권가처분 가처분등기보기
을5-2	2016-08-03	가처분(근저당)	기술신용보증기금	서울남부지방법원 (2016카합20250)	소멸	근저당권가처분 가처분등기보기
갑5	2016-07-06	가압류	신용보증기금	276,250,000원	소멸	
갑6	2016-07-19	가압류	기술신용보증기금	340,000,000원	소멸	
갑7	2016-08-11	임의경매	신한은행	청구 : 732,000,000원	소멸	2016타경22737
갑8	2016-08-22	압류	국민건강보험공단		소멸	(징수부-905677)

명세서 요약사항 ▶ 최선순위 설정일자 2013.09.02. 근저당권

소멸되지 않는 등기부권리	해당사항 없음
설정된 것으로 보는 지상권	해당사항 없음
주의사항 / 법원문건접수 요약	용도는 아파트형 공장임 임금채권신고가 되었으니, 물건번호별 임금채권내역은 별도확인요망. ※미납 관리비(공용)를 인수할수 있으니 입찰전에 확인 하시기 바랍니다. ※ 임금채권 우선변제로 선순위 임차인은 배당 안될 수 있으므로, 임금채권 금액을 확인하시기 바랍니다.

1) 소유자: 하○○○ (파산)
2) 근저당권자: 신한은행 외 다수
   → **소멸기준: 신한은행 근저당 2013-09-02**
3) 경매신청자: 신한은행(임의경매)
4) 소멸기준 이후 후순위 전부 말소 가능
5) 임금 채권은 이번 사건에서 문제 없음

3. 건물 및 주위환경

1) 호매실 IC, 봉담 IC와 인접
2) 주변 고색 산업단지 내 시너지 효과 우수
3) 수원역, **고색역(수인선 예정)** 교통 편리
4) 수원 배후지로서 직원 수급 원활
5) 아파트형 공장이 2곳이며, 한 곳이 분양 진행 중(공급이 부족)
   → 벤처밸리에 한곳, 휴먼스카이밸리에 한곳 공실 존재
6) 일반인은 아파트형공장 임대에 제한이 심할 수 있음

4. 현장답사 결과

1) 외관
  - 2010년 보존 등기라서 건물 전체적으로 깨끗하게 보이고
  건물이 잘 관리되고 있음
  - 706호는 출입문에 인테리어가 잘되어 있음(문이 닫혀 있어
  내부를 볼 수 없었으나, 인테리어와 구조로 보아 내부 인테리어도
  어느 정도 잘 되어 있을 듯함)
  - 관리비 내역이 벽에 게재되어 있음(130만 원 정도)

2) 부동산 답사 결과

(1) A 부동산(임대인 입장 문의)
  - 인테리어 있는 곳 2천/150만원, 월세 가능
  - 인테리어 없는 곳 2천/140만원, 월세 가능
  - 매매가격 40평대 기준 2억7천만원

(2) B 부동산(임차인 및 매수자 입장 문의)
  - 평당 시세가 410만원 정도 하고 있다고 함
  - 2주 전에 2억6,500만원에 거래되었으며 시세는
  2억6천~7천만원 사이라고 함
  - 실입주가 많고, 단지 내부적으로 거래가 이루진다고 함
  - 휴먼스카이밸리에는 공실이 1개, 벤처밸리에 1개 있다고 함
  - 임대는 2천만/150만원

(3) C 부동산(매수자 입장 문의)
  - 매매가 2억6천~7천만원 사이라고 함

(4) D 부동산(다른 회원이 임장)
  - 매매가 2억5천만원
  - 임대는 2천/150만원

5. 수익률 분석

1) 대출 금액
   아파트형 공장은 낙찰가의 85-90%까지 대출이 가능함

2) 수익률 분석표

고색동

	항목	대출無	대출 80%	대출90%	평당가
1					
2	전용면적	43.4			₩ 3,602,825
3	분양면적	69.39			
4	매매가	₩ 250,000,000	₩ 250,000,000	₩ 250,000,000	
5	취등록세(4.6%)	₩ 11,500,000	₩ 11,500,000	₩ 11,500,000	
6	부가세				
7	보증금	₩ 20,000,000	₩ 20,000,000	₩ 20,000,000	
8	대출금액	₩ -	₩ 200,000,000	₩ 225,000,000.00	
9	초기 투입금액	₩ 241,500,000	₩ 41,500,000	₩ 16,500,000	
10	투입금액	₩ 241,500,000	₩ 41,500,000	₩ 16,500,000	
11	월세	₩ 1,500,000	₩ 1,500,000	₩ 1,500,000	
12	월 이자(3.3% 기준)	₩ -	₩ 583,333	₩ 656,250	
13	월수익	₩ 1,500,000	₩ 916,667	₩ 843,750	
14	년수익	₩ 18,000,000	₩ 11,000,000	₩ 10,125,000	
15	수익률	7.45%	26.51%	61.36%	

○

실전 경·공매 4단계: 입찰가 산정

입찰을 위한 입찰가 산정은 다음의 3가지 요소를 고려해야 한다.

① 시장가를 기준으로 산정

시장가란 현재 시장에서 매매되고 있는 금액이다. 주로 양도차익을 목적으로 입찰할 때 시장가를 기준으로 산정하며, 주로 주택의 입찰에 많이 사용한다. 중요한 것은 현재 시세 대비 얼마나 싸게 입찰을 해서 수익을 낼 것이냐의 관점이다. 보통 수익을 내기 위해서는 다음의 공식을 사용한다.

$$시장가 \geqq 입찰가 + 취등록세 + 등기비용 + 명도비용 + 기타\ 비용 + 원하는\ 수익금액$$

② 종전 낙찰가를 기준으로 산정

이전 경매에서 해당 물건과 동일한 건물 또는 비슷한 물건들의 낙찰가를 참고해 입찰가를 정하는 방식으로, 그 지역의 물건이 얼마 정도에 낙찰되는지 과거 사례를 참조한다. 보통 낙찰을 꼭 받고자 하면 종전 낙찰가보다 높게 입찰하며, 동일한 가격대의 물건에 대한 종전실적이 없을 때에는 감정가 대비 낙찰가율을 참조해 입찰한다. 보통 입찰 경쟁률이 어느 정도 되는 지역의 물건을 낙찰할 때 사용하는 방법이다. 입찰가

공식은 다음과 같다. 이때 '입찰가 + 취등록세 + 법무비용 + 명도비용 + 기타비용'이 현재 시장가보다는 반드시 낮아야 한다.

입찰가 ≧ 종전 낙찰가

③ 임대수익을 기준으로 입찰가를 산정

임대수익을 목적으로 하는 수익형부동산이라면 임대수익을 기준으로 입찰가를 산정한다. 임대수익률이 원하는 수준 이상이라면 입찰가는 현재 시세 수준까지 가능하다. 우선 수익률표를 가지고 원하는 입찰가를 넣어보고 수익률이 얼마나 나올지 확인이 필요하다.

고색동 지식산업센터 수익률표(평당가 3,617,236원 가정)

(단위: 원)

구분	대출 없음	대출 70%	대출 80%	대출 85%	대출 90%
전용면적	43.40m²				
분양면적	69.39m²				
매매가	251,000,000	251,000,000	251,000,000	251,000,000	251,000,000
취등록세(4.6%)	11,546,000	11,546,000	11,546,000	11,546,000	11,546,000
보증금	20,000,000	20,000,000	20,000,000	20,000,000	20,000,000
대출금액	0	175,700,000	200,800,000	213,350,000	225,900,000
초기 투입금액	262,546,000	86,846,000	61,746,000	49,196,000	36,646,000
투입금액	242,546,000	66,846,000	41,746,000	29,196,000	16,646,000
월세	1,500,000	1,500,000	1,500,000	1,500,000	1,500,000

월 이자 (3.5% 기준)	0	512,458	585,667	622,271	658,875
월수익	1,500,000	987,542	914,333	877,729	841,125
연수익	18,000,000	11,850,500	10,972,000	10,532,750	10,093,500
수익률	7.42%	17.73%	26.28%	36.08%	60.64%

실제 필자는 임대수익률을 기준으로 입찰가를 산정했다. 매매로 나와 있는 물건이 전혀 없고, 월세수익률이 굉장히 좋기 때문이었다. 시세가 2억7천만 원에서 관리비 미납금(300만 원), 명도비용(300만 원)을 빼고 인테리어 정도를 감안해 2억5,100만 원 수준으로 정해도, 대출 80% 기준 26% 수준의 수익률이 나옴을 알 수 있다.

2개의 물건 중 인테리어가 잘되어 있는 호수는 위 금액으로 입찰했고, 공장으로 사용하던 곳은 2억4천만 원 수준으로 입찰했으며, 2개 중 1개 호수를 낙찰받았다.

○

실전 경·공매 5단계: 명도

명도란 낙찰받은 물건의 내부 점유자를 내보내고 낙찰자가 온전히 사용할 수 있도록 하는 행위를 말한다. 보통 점유자(소유자 및 세입자)를 내보내는 과정을 이야기한다.

경매에 있어서는 얼마나 명도를 빨리 하느냐가 굉장히 중요하다. 낙찰을 받고 나서 명도가 늦어지면 늦어지는 만큼 돈과 시간이 많이 소비되기 때문이다. 또한 경매에서는 대부분 잔금대출을 활용하기 때문에 잔금납부 후 명도가 늦어지면 대출이자, 관리비 등만 계속해서 나간다. 명도가 안 되면 소유권은 넘어오더라도 실제 사용, 수익, 처분 등을 할 수 없으므로 완전하게 내 것이 되었다고 할 수 없다.

낙찰받고 2주가 지나면 법원에서는 매각허가 결정을 한다. 매각허가 결정 후 보통 한 달 정도 뒤에 잔금납부 기일이 온다. 잔금납부는 보통 해당일 마지막날 납부하게 되나, 명도가 빨리 이루어지면 그전에 납부도 가능하다.

일반적으로 지식산업센터 경매에서는 다음과 같이 케이스별 명도 방법이 다르다.

① 파산관재인이 있는 곳

법인이 운영하던 회사는 법인이 파산하면 파산관재인을 두고, 기존 법인의 모든 재산을 처분해 채권자에게 나눠주게 된다. 이때 명도 대상자는 파산관재인이 된다. 낙찰을 받으면 파산관재인에게 연락해서 잔금납부 때까지 내부의 물품을 싹 정리할 것과 문의 열쇠 등을 요청하면 대부분 아무 문제 없이 명도가 가능하다. 비교적 쉬운 명도 케이스에 해당한다.

② 소유자가 점유하고 있던 곳

소유자가 점유하고 있던 곳은 대부분 회사가 망한 곳이 많다. 문은 닫혀 있고, 내부에 짐이 있는지 없는지 알 수도 없다. 관리사무소에 연락을 해봐도 연락처를 알려주지도 않고, 연락처를 알게 되더라도 대부분 연락이 되지 않는다. 이때는 잔금을 납부하고 강제집행을 하는 수밖에 없다. 강제집행은 보통 잔금납부 후에 이루어지며, 2~3달의 시간이 소요된다. 내부 짐의 양에 따라 수백만 원의 강제집행 비용이 발생하기도 한다. 시간과 돈이 가장 많이 낭비되는 케이스다.

③ 세입자가 사업을 계속하고 있는 곳

건물은 경매로 나왔지만 세입자가 사업을 계속하고 있는 곳이 있다. 건물 소유주는 망했어도 세입자는 문제가 없는 경우다. 이런 곳은 기존 세입자와 재계약을 하는 것이 가장 좋다. 세입자 입장에서는 사업장을 옮기지 않아도 되고, 낙찰자는 새로운 세입자를 구하는 시간 및 비용을 들이지 않아도 되기 때문이다.

필자의 경매건은 파산관재인이 있는 곳이었기 때문에 전화 연락을 하고 2주 후에 건물 내부에서 만나기로 했다. 약속된 날 현장에 가서 보니 파산관재인 측 담당자가 미리 나와서 문을 열어주었다. 보통 파산관재인이 선임된 경매 물건은 내부의 짐들을 동산 매각으로 다 처분을 하기에 이곳도 그렇게 되어 있을 것이라 예상하고 내부로 들어갔는데 깜짝 놀랐다.

내부는 그야말로 어제까지 근무하던 곳처럼 책상 위의 문서와 직원들이 입었던 옷까지 그대로 남아 있었기 때문이다. 파산관재인에게 물어보니 내부 물건에 대해서 압류처리가 되어서 따로 처리할 수 없었다고 한다. 이렇게 되면 강제집행을 해야 하는데, 그러면 2~3달의 시간과 강제집행비 200만~300만 원의 비용이 추가된다. 생각지도 못한 문제가 발생한 것이다.

파산관재인에게 동산 압류 사건에 대한 정보를 확인한 후에 법원을 찾아가서 선처를 구했지만, 법원에서는 강제집행 이외에는 다른 방법이 없다는 이야기만 반복했다. 다른 방법을 찾기 위해 고민을 계속하다 결국 한 가지 방법을 찾게 되었다. 기존 압류건에 대해서 감정가 대비 더 높은 가격으로 수의계약(경쟁계약이 아닌 임의로 상대를 선정해 체결하는 계약)을 하기로 한 것이다.

내부 동산에 대한 감정가가 600만 원 수준으로 기존 감정가보다 높은 가격으로 매수 의향서를 제출했고, 법원에서 받아들여져서 명도는 쉽게 끝날 수 있었다. 하지만 630만 원은 작지 않은 돈이다. 이렇게 할 수 있었던 것은 내부에 장비와 기물 등 모두 필자가 기존에 하던 사업과 비슷한 업종으로, 충분히 처분이 가능하며 지불한 돈을 거의 회수할 수 있다고 판단했기 때문이다.

유체동산 매수 의향서

대수인

                                                부동산 임의경매 사건의 최고가 매수
인으로 해당 사건번호 부동산(경기도 수원시 권선구 고색동
                         내부에 있는 유체동산 전부를 금 육백삼십만원
(6,300,000원)에 매수 하고자 합니다.

※ 매수 희망 물품 : 1. 고온 시험기외 28개 (2016본   압류물품)
                   2. 블랙박스 전부

                    의 파산관재인   귀중

PART 4

무조건 성공하는 지식산업센터 임대와 관리 방법

부동산 투자에 성공하기 위해서는 취득, 보유, 양도, 세금까지 관련된 부분을 모두 알아야 원하는 수익을 얻을 수 있다. 이번 파트에서는 지식산업센터 투자 시 취득·보유·양도할 때 추가로 알아야 하는 내용에 대해서 정리하고자 한다. 또한 실제 투자자들 사이에서 어렵게 느껴지는 산업단지 내에서 지식산업센터의 임대를 위해서는 어떻게 해야 하는지, 지식산업센터의 상가의 특징 및 투자 시 유의점은 무엇인지에 대해서도 정리해놓았다.

산업단지에서 임대사업 하기: 공장등록

산업단지 입주계약 체결 및 준비

산업단지 내 지식산업센터에서 임대사업을 하기 위해서는 일정한 단계를 거쳐야 한다. 가장 먼저 소유주가 해당 산업단지 관리공단과 입주계약을 체결하고 공장등록을 완료해야 한다. 그 이후에 일정 기간이 지난 후에 임대사업 관련 입주계약 신고절차를 통해서 임대사업이 가능하다. 임대사업 관련 입주계약 신고절차는 다음 장에서 자세히 알아볼 예정이다.

지금부터 실제 성남산업단지 내에서 장비 관련 사업을 위해서 필자가 경매로 낙찰받아서 임대사업까지 했던 사례를 바탕으로 자세하게 산업단

산업단지 내의 입주계약 신고 절차

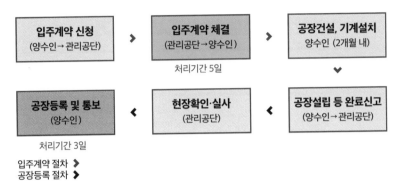

입주계약 절차 ❯
공장등록 절차 ❯

지 내의 임대사업 절차를 설명하고자 한다.

산업단지 내의 아파트형공장이나 일반공장을 분양, 매매, 경매로 낙찰 시에는 위와 같이 산업단지공단에 입주계약을 진행해야 한다. 이때 필요한 서류는 다음과 같다.

- 입주계약신청서 1부   - 사업계획서 1부

- 입주계약서 2부

- 경매 낙찰서 또는 건물의 등기사항증명서 1부

- 사업자등록증 사본 1부

*입주계약 체결 시 회사(대표자) 도장 지참

일반매매나 분양도 절차는 같다. 다만 서류만 경매낙찰서 또는 등기사항증명서 대신 분양계약서 또는 매매계약서로 바뀐다.

입주계약신청서

양식에 맞게 회사명, 제품명, 업종, 공장면적 등을 정리한다.

■ 산업집적활성화 및 공장설립에 관한 법률 시행규칙 [별지 제25호서식] <개정 2012.10.5>　　공장설립온라인지원시스템(www.femis.go.kr)
　　　　　　　　　　　　　　　　　　　　　　　　　　　　　　　　　　에서도 신청할 수 있습니다.

산업단지입주 [O]계약 신청(확인)서
[ ]계약변경

※ 바탕색이 어두운 난은 신청인이 적지 않으며, [ ]에는 해당되는 곳에 √표를 합니다.　　　　　　　　　(앞쪽)

접수번호		접수일		처리기간	5일(「산업집적활성화 및 공장설립에 관한 법률 시행규칙」 제34조제2항에 따라 관계 기관과 협의하는 경우에는 10일)

신청인	회사명 (주)지원서원아빠			
	대표자 성명 지원서원아빠	(전화번호: 000-0000-0000)		
		생년월일(법인등록번호) 0000.00.00		
	대표자 주소(법인 소재지) 경기도 화성시 OO동 OO 아파트			

입주 계약 신청 내용	공장(사업장) 소재지　경기도 성남시 OOO번지 OOOO			
	입주형태	[ ] 분양　　[ ] 임차　　[O] 양도·양수　　[ ] 기타		
	회사명 (주)지원서원아빠	대표자 성명 지원서원아빠		
	업 종	분류번호 OOOOO	첨단업종(적용범위) OOO	생산품(서비스) OOOOO
	규 모	부지 면적(㎡)	건축 면적(㎡) OO	제조시설 면적(㎡) OO	부대시설 면적(㎡)

기존 공장	회사명	대표자	
	소재지		
	업 종	분류번호	
	규 모	부지 면적(㎡)	제조시설 면적(㎡)	부대시설 면적(㎡)

계약 변경사항, 사유	신규 설립

「산업집적활성화 및 공장설립에 관한 법률」 제38조제1항부터 제3항까지, 제38조의2제1항 및 같은 법 시행규칙 제34조·제35조에 따라 위와 같이 산업단지 입주계약(변경계약)을 신청합니다.

2019년 00월 00일

신청인

지원서원아빠 (서명 또는 인)

성남산업단지관리공단 이사장　귀하

「산업집적활성화 및 공장설립에 관한 법률」 제38조제1항부터 제3항까지, 제38조의2제1항 및 같은 법 시행규칙 제34조·제35조에 따라 위와 같이 산업단지 입주계약(변경계약)을 확인합니다.

년　월　일

산업단지관리공단 이사장　　[직인]

○
사업계획서 작성하기

사업계획서는 앞으로 어떤 사업을 할 것인지에 대한 구체적인 계획을 작성하는 문서로, 기본적인 회사정보 외에 어떤 제품을 어떤 공정으로 생산할 것인지에 대해서 작성하면 된다.

사업개요: 사업개요 부분은 사업의 기본적인 내용이다. 업체 현황, 생산제품 현황, 공장 현황, 투자금액, 자가 또는 임차 여부, 신규 건립 또는 기존 건물 입주 등에 관한 내용을 작성한다.

업 체 현 황	회 사	명 칭	(주)지원서원아빠		
		주 소	경기도 성남시 000 번지 0000호		
		전화번호	000-0000-0000	팩스번호	000-0000-0000
		홈페이지주소	blog.naver.com/dreamvision74	법인등록번호	0000000 - 00000000
	대 표 자	성 명	지원서원아빠	이메일주소	dreamvision74@naver.com
		주 소	경기도 화성시	생년월일	1900.00.00
		전화번호	010-0000-0000	팩스번호	000-0000-0000
생 산 제 품 현 황	업종(5단위)		00000		
	생산품명		반도체 부품		
	주원자재		링프레임외		

공 장 현 황	공장주소	경기도 성남시 000 번지 0000호					
	형 태	분양( ) 경매(O) 양도( ) 양수( ) 임차( )					
	용도지역	공업지역		지 목		공 장	
	수 출 국						
	년간매출액	생 산		백만원	수 출		천불
	공 장 건설계획	사업자등록번호					
		착 공 예 정 일					
		준공예정일 또는 준공일					
		사 업 시 작 일					

공 장 현 황	공장의 규 모 (㎡)	종업원수	국 내	남	0명	
				여	0명	
			국 외	남		국가명
				여		
		용지면적		㎡		
		건축면적	제조시설 :	100 ㎡		
			부대시설 :	㎡		
		건축면적/용지면적				
		기준공장 면적율		%		
		건 폐 율		%		
		용 적 율		%		

투 자 규 모	계	백만원
	자 기 자 본	50백만원
	타 인 자 본	백만원
	외국인 투자금액	천불

		외국인 투자비율		%			
공장 보유 구분	자가 (O) 임차 ( )	공장 설립 형태	신규 건립 입주 ( ) 기존 건물 입주 (O)		공장 규모	대 ( ) 중 ( ) 소 (O)	

※ 기재요령

1. 업종은 한국표준산업분류상 세세분류(5단위)까지 기입합니다.
2. 건축면적은 공장설립일로부터 4년이내의 건설계획분을 포함하여 기재합니다.
3. 공장규모는 「중소기업기본법 시행령」 제8조 및 동법 시행령 별표 1에 의한 분류에
   따라 기재합니다.

생산공정도 해설: 생산공정도는 실제 제품 생산과정에 대해서 작성한다. 산업공단 측에서 설명이 미흡하다고 판단하면 보완 요청이 온다. 다음은 필자가 보낸 생산공정도다.

3.생산공정도	해설
생 산 공 정 도	생산공정 요약설명
링 프레임 투입	링 프레임을 테이프 마운터에 투입
↓	
UV TAPE 마운팅	링 프레임에 UV TAPE를 붙임.
↓	
제품 포장	제품을 Shipping Box에 넣음
↓	
출 하	출하

206

생 산 공 정 도	생산공정 요약설명
UV 조사	작업이 완료된 제품을 UV 조사하여 탈착
UV TAPE, 링 프레임 분리	UV TAPE와 링 프레임 분리
링 프레임 수거	링 프레임에 붙은 끈끈이 및 UV Tape 분리
링 프레임 세척	링 프레임 세척
건조 및 분리	세척 완료된 제품 건조

3. 생산공정도(장비제작)   해설

생 산 공 정 도	생산공정 요약설명
사양 협의	장비 관련 유저와 세부 사양 협의
사양 확정 및 수주	유저와 장비 사양 확정 및 장비 수주
기계설계, 전장설계	장비 관련 기구부 및 전장부 설계
부품 발주(가공품, 구매품)	장비 관련 가공품 및 구매품 발주
부품 입고 및 검사	발주한 부품 입고 및 수입검사

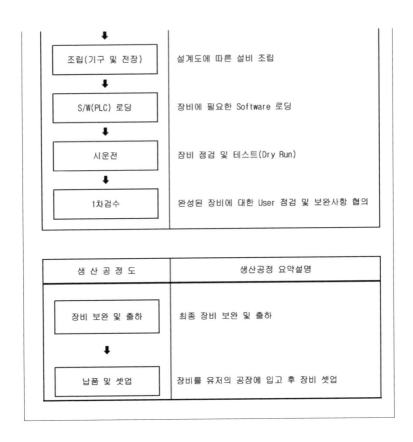

생 산 공 정 도	생산공정 요약설명
조립(기구 및 전장)	설계도에 따른 설비 조립
S/W(PLC) 로딩	장비에 필요한 Software 로딩
시운전	장비 점검 및 테스트(Dry Run)
1차검수	완성된 장비에 대한 User 점검 및 보완사항 협의

생 산 공 정 도	생산공정 요약설명
장비 보완 및 출하	최종 장비 보완 및 출하
납품 및 셋업	장비를 유저의 공장에 입고 후 장비 셋업

처음에는 간단히 1장으로 정리해 보냈으나, 담당자에게서 연락이 와서 2번이나 보완을 했었다. 또한 담당자의 요청에 따라서 어떤 제품을 생산하는지 구체적으로 사진과 함께 제품 설명도를 만들어서 보내주었다.

생산시설 명세는 제품생산을 위해 필요한 시설에 대한 것으로, 업종에 따라서 다르므로 해당 업종에 맞게 내용을 작성하면 된다.

공정도

1. 링 프레임 투입
   - 링 프레임을 테이프 마운터에 투입.
2. UV TAPE 마운팅.
   - 링 프레임에 UV TAPE를 붙임..

3. 제품 포장 및 출하..

4. UV 조사 및 UV TAPE 분리.

4.생산시설 명세

시 설 명	용 량	수 량	비 고
콤프레샤	5	1	
작업테이블	1200*800	6	
공구테이블		1	
0000		0	

이렇게 2번을 보완한 후 마침내 산업단지공단에서 연락이 왔다. 바로 산업단지공단에 방문해 입주계약을 체결했다. 필자가 계약한 계약서는 다음과 같다.

사단법인 성남산업단지관리공단

성남시 중원구 둔촌대로457번길 8 성남산업단지관리공단 11층 전화:031)750-2806 FAX:031)750-2819

문서번호 : 성산업 제 00 호	선결			지시	
시행일자 : 2015.	접수	일자시간		결재·공람	
수 신 :		번호			
참 조 :	처리과				
	담당자				

제 목 : 산업단지 입주계약체결 알림

　　　　산업집적활성화 및 공장설립에 관한 법률 제38조 제1항 및 같은법 시행규칙 제34조의 규정에 의거 산업단지 입주계약이 체결되어 같은법 시행규칙 제34조 제2항에 의거 입주계약확인서를 교부하오니, 공장설립완료(공장가동 시) 후 같은법 제15조 규정에 의한 공장설립 완료신고서를 2개월 이내에 관리 공단 업무지원과로 제출하여 주시기 바랍니다.

첨 부 : 1) 성남산업단지 입주계약 확인서 1부
　　　　2) 성남산업단지 입주계약서 1부
　　　　3) 공장설립 완료신고서 1부. 끝

사단법인 성남산업단지관리공단이사장

■ 산업집적활성화 및 공장설립에 관한 법률 시행규칙 [별지 제25호서식] <개정 2012. 10. 5>　　공장설립온라인지원시스템(www.femis.go.kr)
　　　　　　　　　　　　　　　　　　　　　　　　　　　　　　　　　　　　　에서도 신청할 수 있습니다.

산업단지입주 [V]계약 [ ]계약변경 확인서

※ 바탕색이 어두운 난은 신청인이 적지 않으며, [ ]에는 해당되는 곳에 √표를 합니다.　　　　　　(앞쪽)

접수번호	607	접수일		처리기간	6일(「산업집적활성화 및 공장설립에 관한 법률 시행규칙」 제34조제2항에 따라 관계 기관과 협의하는 경우에는 10일)

신청인	회사명		
		(전화번호:)	
	대표자 성명	생년월일(법인등록번호)	
	대표자 주소(법인 소재지) 경기도 화성시		

입주 계약 신청 내용	공장(사업장) 소재지 성남시 중원구			
	입주형태	[ ] 분양 [ ] 임차 [ ] 양도·양수 [V] 기타		
	회사명 비전	대표자 성명		
	업 종	분류번호 26299 그 외 기 첨단업종(적용범위) 타 전자부품 제조업	생산품(서비스) 반도체 부품 및 장비	
	규 모	부지 면적(㎡) 33.35	건축 면적(㎡) 212.69	제조시설 면적(㎡) 117.2	부대시설 면적(㎡) 95.49

기존 공장	회사명		대표자	
	소재지			
	업 종		분류번호	
	규 모	부지 면적(㎡)	제조시설 면적(㎡)	부대시설 면적(㎡)

계약 변경사항, 사유

「산업집적활성화 및 공장설립에 관한 법률」 제38조제1항부터 제3항까지, 제38조의2제1항 및 같은 법
시행규칙 제34조·제35조에 따라 위와 같이 산업단지 입주계약(변경계약)을 신청합니다.

　　　　　　　　　　　　　　　　　　　　　　　　　2015 년　　　월　　　일

　　　　　　신청인

성남산업단지관리공단 이사장　귀하

「산업집적활성화 및 공장설립에 관한 법률」 제38조제1항부터 제3항까지, 제38조의2제1항 및 같은 법 시행규
칙 제34조·제35조에 따라 위와 같이 산업단지 입주계약(변경계약)을 확인합니다.

　　　　　　　　　　　　　　　　　　　　　　　　　　　　　　　　　　　　07 일

성남산업단지관리공단 이사장

　　　　　　　　　　　　　　　　　　　　　　　　210mm×297mm[백상지 80g/㎡]

제10조【보고사항】 "을"은 다음 각 호의 사항에 대하여 "갑"의 요청이 있을 경우 관계서류를 첨부하여 "갑"에게 보고하여야 한다.

1. 공장의 착공, 증축, 준공, 이전 및 가동개시에 관한 사항
2. 생산, 수출, 고용 등의 공장가동에 관한 사항
3. 휴업 또는 폐업에 관한 사항
4. 임차업체의 전·출입에 관한 사항
5. 기타 "갑"이 필요하다고 인정하는 사항

제11조【제 법규의 준수】 "을"은 산업집적활성화 및 공장설립에 관한 법률과 관계된 법령은 물론, 관리공단 정관 및 규약과 제 규정을 준수하여야 한다.

제12조【해석】 본 계약서에 명시되지 아니하였거나 계약서상 해석에 이의가 있을 때에는 "갑"의 결정에 따른다.

제13조【관할법원】 본 계약에 관한 소송은 "갑"의 소재지 관할 법원으로 한다.

제14조【추가약정】 "갑"은 본 계약서 이외에 "을"이 본 계약 이행을 위하여 필요하다고 인정할 때에는 본 계약서의 부속으로 별도 추가약정을 받을 수 있다.

위 각 조항을 준수하여 향후에 증명하고자 본 계약서를 2부 작성 후 각기 서명 날인하여 "갑" "을"이 각 1부씩 보관키로 한다.

2015년 0월 7 일

"갑" 주 소 : 경기도 성남시
     성 명 : 사단법인 성남산업단지관리공단 이사장

"을" 주 소 : 경기도 성남시

     업체명 :
     대표자 :

다음 단계는 담당자의 실사를 받는 것이다. 실사는 입주 계약 후에 2달 안에 받아야 하며, 시설의 준비가 완료되면 공단 담당자에게 연락해 실사 일정을 협의해 정한다.

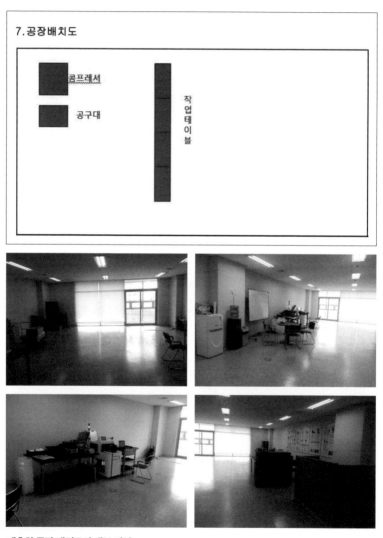

제출한 공장 배치도와 내부 시설

담당자가 실사를 나왔을 때는 기존에 제출한 공정도, 생산시설 등을 다 갖추어야 한다. 실제로 생산 등의 활동이 이루어지는지 꼼꼼히 확인한 후에 이상이 없으면 통과가 되며, 미흡한 부분이 많으면 다시 준비해서 실사를 받아야 한다.

이 과정이 완료되면 공장등록이 가능하다. 여기까지가 산업단지 내에서 지식산업센터 취득 후의 과정이다. 다음으로는 임대사업을 위한 단계다.

산업단지에서 임대사업 하기:
입주 변경계약 및 임대

산업단지에서 임대사업이 가능할까?

산업단지공단의 입주 변경계약서에 다음과 같은 항목으로 임대업에 관한 내용이 있다.

제4조 【업종변경(임대업) 후 임대사업】

성남산업단지관리공단에 신고된 공장에서의 임대사업은 「산업집적활성화 및 공장설립에 관한 법률」 제15조제1항 공장설립 완료신고 또는 제2항 사업개시신고 후 관리공단에 신고한 사업에 대하여 관리공단에서 요구하는 매출증빙 자료 등을 제출하여 사업 영위 여부를 증명하여야 가능하며, 임대업 전환을 위해서는 최소 1년 이상 입주계약 체결된 사업장에서 관리공단에 신고된 사업을 영위하여야 한다.

임대사업 관련 입주계약 신고절차

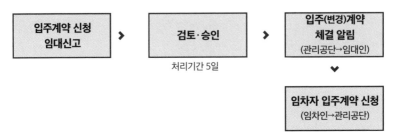

임대사업에 관한 취지는 사업자가 초기에 계획된 제조업을 했으나 피치못할 사정(경영악화, 공간 부족, 본사 이전 등)으로 제조업을 계획대로 할 수 없을 때에 한해 업종변경 후 임대사업이 가능하게 하기 위함이다. 임대업으로 변경하기 위해서 산업단지공단에서 요구하는 서류는 다음과 같다. 실제 사업을 했는지 확인하는 서류다.

- 매출증빙서류: 해당 사업장에서 타 사업자에게 발행한 세금계산서
- 직원들 월급 명세서
- 관리비 납입 영수증

Tip

지식산업센터 임대사업 및 임대신고 관련 법률

산업집적활성화 및 공장설립에 관한 법률 제38조의2와 같은 법 시행령 제48조의4

1. 임대사업 영위 가능 대상
- 기존 제조업 및 비제조업을 영위하여 공장등록 및 사업개시 확인 완료된 기업 및 개인에 한해 제한적으로 임대사업 영위 가능
- 부동산 임대사업을 목적으로 산업용지 건축물 지식산업센터 취득 불가

2. 임대사업 기준(같은 법 시행령 제48조의4)
- 임대사업자로 신고 후 해당 건축물(공장), 지식산업센터 등의 처분을 제한
1) 산업용지·건축물(공장): 신고 후 5년 이내 처분제한
2) 지식산업센터: 신고 후 1년 이내 처분제한
- 산업용지·건축물(공장), 지식산업센터 등의 임차계약기간은 5년 이상으로 계약 체결(임차인 요청이 있는 경우 1년 이상)
- 산업단지 입주자격에 부합되는 업체와 임차계약을 하여 임대사업을 영위
- 임대차계약 맺기 전에 임대사업자로 입주계약체결이 선행되어야 함
- 임차업체에 산업단지 입주 시 신고사항(입주계약신청)에 대해 반드시 안내

3. 위반업체에 대한 벌칙 규정
- 위 법률에 의하여 임대 신고하지 아니하고 임대사업을 하는 자는 같은 법 제55조에 의하여 500만 원 이하 벌금
- 위 법률의 처분제한을 위반하여 산업용지 또는 공장 양도한 자는 같은 법 제52조에 의하여 3년 이하의 징역 또는 3천만 원 이하 벌금

업종 변경을 위한 준비

공장등록까지 끝났다면 앞에서 살펴본 바와 같이 정식으로 업종변경 후 임대사업을 해야 한다. 필자는 공장등록 후 4개월 후 관리공단에 찾아가서 담당자와 미팅을 했다. 당시 다음과 같은 이야기를 나누었다.

"사업이 어렵게 되어서 임대를 하고 싶습니다. 부동산에 물어보니까 산업단지공단에서 무슨 변경신청인가를 해야 임대가 가능하다고 들었습니다."

"업체명이 어떻게 되죠?"

"○○입니다."

컴퓨터로 조회해보더니, 의심의 눈초리로 "공장등록한 지 얼마 되지도 않았는데 왜 임대를 하시려고 하세요. 지금은 안 되니 나중에 더 있다가 다시 오세요"라며 거부한다. 필자는 당연히 말을 덧붙였다.

"원래 화성에서 사업을 하고 추가적으로 성남에서도 사업을 위해서 산업공단에 요구한 대로 다 진행을 했지만, 경기도 안 좋고 계획이 틀어져서 더 이상은 어려울 것 같아서 임대하려는 것입니다. 관리비에 은행이자에 힘듭니다. 필요한 서류를 알려주세요."

"지금은 안 된다니까요. 더 있다가 오세요."

"그럼 관리비랑 이자는 관리공단에서 대신 내줄 건가요? 필요한 서류를 알려주세요."

"매출증빙 자료, 인건비 지급내역, 관리비 처리내역 등 자료를 제출해주세요."

실제로 필자는 이곳에서 장비를 만들고 생산 외주 작업을 하기로 했었는데, 고객과 협의가 잘 되지 않아서 임대업 변경이 필요한 상황이었다. 이제 관리공단에서 말한 자료를 준비할 차례다.

자료 준비

관리비 납부내역: 관리사무소를 찾아가서 관리소장님에게 사정을 이야기해 공문을 요청한다. 어떤 내용을 요청하는지 문서로 보내주면 내부 결재 후 공문으로 보내주겠다고 했다.

다음은 관리사무소에 관리비 납부에 관한 내용을 제출하기 위해 작성한 공문과 관리사무소로부터 받은 공문이다. 관리사무소에서 받은 자료에 지난 8개월 동안의 관리비 납부내역이 첨부되어 있다.

공 문

제목 :　　　　　사용 관련 공문 요청의 건

문서번호 : 2015-1123-02
발 신 :
주 소 : 경기도 성남시 중원구

Tel :

수 신 :
주 소 :

Tel : +82-31-　　　　　/ Fax : +82-31-

당사는　　　　　　　　　　　　　소유주로 2015년 4월 소유권 취
득 후부터 지속해서 사업 및 관리비를 성실히 납부하고 있습니다.
　최근 경기 불황 및 제조 및 판매중이던 장비의 계약 해지에 따라 부득이하
게 해당호를 임대사업으로 전환하고자 합니다.
이에 성남산업단지관리공단에 제출할 공문을 요청하고자 하오니 확인 후 공
문 발송 바랍니다.

－ 아 래 －

1. 업체명 :
2. 사무실 위치 :
3. 소유권 취득일 : 2015
4. 사업자 등록일 : 2015
5. 요청사항
　　　－　　　　　　　　　4월 이후로 관리비를 매달 이상없이 납부 하
고 있으며 사업을 계속하고 있다" 내용에 대해서 작성하여 주시기 바랍니다.

－ 이 상 －

2015년 11월 23일

문서번호 : 우관외 15 - 11 - 0개

수 신 : 경기도 성남시 중원구

발 신 : 경기도 성남시 중원구

참 조 :

제 목 : ○○○○○   사용 관련 공문 요청"에 대한 회신

1. 귀사의 무궁한 발ᆞ   니다.

2. "제목 :   사용 관련 공문 요청의 건"에 대한 회신입니다
   당 건물   소유주 버전은 2015년 3월 13일부터 현재까지 사업을 계속하고 있음을
   확인합니다.

※ 첨   부 : 1. "A동○○○호 사용 관련 공문 요청의 건" 공문 1부
           2. 관리비 완납증명서 1부, "끝"

성남   ○○○○   관리사무소

관 리 비 완 납 증 명 서

순번	수납일자	동·호수	청구년월	은행	이름	부과금액	수납금액	합계금액
1	2015-04-17		2015-03	우리은행		184,190	184,190	184,190
2	2015-05-17		2015-04	우리은행		285,000	285,000	285,000
3	2015-06-17		2015-05	우리은행		278,550	278,550	278,550
4	2015-07-17		2015-06	우리은행		299,520	299,520	299,520
5	2015-08-17		2015-07	우리은행		323,000	323,000	323,000
6	2015-09-17		2015-08	우리은행		301,730	301,730	301,730
7	2015-10-11		2015-09	우리은행		283,140	283,140	283,140
8	2015-11-10		2015-10	우리은행		284,110	284,110	284,110
소계:						2,239,240	2,239,240	2,239,240

위와 같이 수납하였음을 증명합니다.

2015년 11월 24일

○○○○○ 관리사무소

인건비 지급내역: 이 부분은 산업단지공단에 기존 화성에서 운영하는 사업체에서 부담 처리를 했기 때문에 인건비 지급내역은 없다고 했다.

기타 증빙서류: 관리비 지급내역만 가지고는 처리가 안 되기 때문에 장비 관련된 내용의 공문을 준비했다.

지난번 공장 실사 때 보여준 장비를 유저에게 데모테스트(Demo Test) 후에 이상 없으면 장비 납품, 추가 수주 예정이었으나 보이는 공문과 같이 장비 에러 및 투자계획 보류로 해당 장비를 더 이상 팔 수 없게 되었고 성남에서의 사업을 계속 할 수 없게 되었다.

공 문

제목 : DEMO UV 조사기 반납의 건

문서번호 : 2015-1102-02
발 신 :
주 소 :
Tel :

수 신 :
주 소 : 경기도 성남시 중원구

Tel :

귀사에서 당사에 납품 후 End User에서 3개월간 Demo 진행한 UV조사기가 불합격하여 반납하고자 하오니 하기 내용 참조 바랍니다.

― 아 래 ―

1. 업체명 : 비전
2. 장비명 : 자동 UV 조사기(12, 8인치 겸용)
3. 수 량 : 1대
4. Demo 기간 : 2015.7.01 ~ 2015. 10.31
5. 결 과 : 불합격
　　※ 세부 내용 첨부 참조 바람.

---

6. 향후 진행사항
  - 장비 반납 : ~12/F
  ※ 장비 개선 및 타 업체 Demo 진행 일정에 대해서는 추후 협의를 통해
  결정 예정입니다.

- 이 상 -

2015년 11월 02일

별첨. Demo Test 결과 불합격 요인.

1. 링 프레임 걸림 현상
  - 링 프레임 자동 작업시 잦은 걸림 현상
    . 1000개 작업 중 10개 수준 발생.

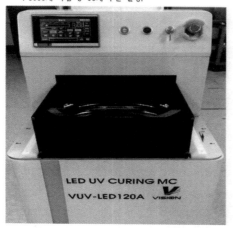

2. 쳄버 내 온도 상승
  - 연속 작업시 쳄버내 온도 상승 : 최고 80도(Spec : 60도 이하)

3. 프로그램 오류
  - 소프트웨어 오류에 따른 오동작 발생

입주 변경계약 체결

준비한 서류를 관리공단에 직접 제출했고 공단에서 승인이 나와서, 며칠 후에 정식으로 변경계약을 체결했다. 입주 변경계약까지의 과정은 시간도 너무 많이 걸리고 과정 자체도 쉽지 않다. 실제 운영을 하는 사람은 별 문제가 없지만, 단순히 임대를 위해서 이런 과정을 거치는 것은 비용이나 시간적으로 손해가 크다.

이어지는 페이지의 서류는 필자가 직접 진행한 산업단지입주 계약변경 확인서와 입주변경계약서다. 참고하도록 하자.

사단법인 성남산업단지관리공단

성남시 중원구 둔촌대로457번길 8 성남산업단지관리공단 11층 전화:031)750-2806 FAX:031)750-2819

문서번호 : 성산업 제 호		
시행일자 : 2015.		
수 신 : 대표 귀하		
참 조 :		

선결			지시		
접수	일자시간		결재·공람		
	번호				
처리과					
담당자					

제   목 : 산업단지 입주변경계약체결 알림

산업집적활성화 및 공장설립에 관한 법률 제38조 제2항에 의하여 산업단지 입주변경계약이 체결되었기에, 동법 시행규칙 제35조 제4항에 의거 입주계약변경확인서를 교부합니다.

교 부 : 1)성남산업단지 입주계약변경 확인서 1부
        2)성남산업단지 입주변경계약서 1부   끝.

■ 산업집적활성화 및 공장설립에 관한 법률 시행규칙 [별지 제25호서식] <개정 2012.10.5> 공장설립온라인지원시스템(www.femis.go.kr)에서도 신청할 수 있습니다.

산업단지입주 [ ]계약
[∨]계약변경 확인서

※ 바탕색이 어두운 난은 신청인이 적지 않으며, [ ]에는 해당되는 곳에 √표를 합니다. (앞쪽)

접수번호	1543	접수일	2015.11.27.	처리기간	5일(「산업집적활성화 및 공장설립에 관한 법률 시행규칙」제34조제2항에 따라 관계 기관과 협의하는 경우는 10일)

신청인	회사명				
	대표자 성명		(전화번호:)	생년월일(법인등록번호)	
	대표자 주소(법인 소재지) 경기도 화성시				

입주 계약 신청 내용	공장(사업장) 소재지	성남시 중원구 .		
	입주형태	[ ] 분양 [ ] 임차 [ ] 양도·양수 [∨] 기타		
	회사명 비전		대표자 성명 전 희 영	
	업 종	분류번호 68119 기타 부동산 임대업	첨단업종(적용범위)	생산품(서비스) 부동산 임대
	규 모	부지 면적(㎡) 33.35	건축 면적(㎡) 212.69	제조시설 면적(㎡) 부대시설 면적(㎡) 117.2 95.49

기존 공장	회사명		대표자	
	소재지			
	업 종		분류번호	
	규 모	부지 면적(㎡)	제조시설 면적(㎡)	부대시설 면적(㎡)

계약 변경사항, 사유 업종 변경 : 그 외 기타 전자부품 제조업(26299) → 기타 부동산 임대업(68119)

「산업집적활성화 및 공장설립에 관한 법률」 제38조제1항부터 제3항까지, 제38조의2제1항 및 같은 법 시행규칙 제34조·제35조에 따라 위와 같이 산업단지 입주계약(변경계약)을 신청합니다.

2015 년   월   일

신청인
(서명 또는 인)

성남산업단지관리공단 이사장 귀하

「산업집적활성화 및 공장설립에 관한 법률」 제38조제1항부터 제3항까지, 제38조의2제1항 및 같은 법 시행규칙 제34조·제35조에 따라 위와 같이 산업단지 입주계약(변경계약)을 확인합니다.

2015 년   월   일

성남산업단지관리공단 이사장   직인

210㎜×297㎜[백상지 80g/㎡]

성남산업단지 입주변경계약서

【입주업체 및 부동산의 표시】

공 장 소 재 지	성남시 중원구			
업 체 명			대 표 자	
업 종	기타 부동산 제조업	산업분류번호	68119	
임대하고자하는 토지 및 시설	부지면적(㎡)	건축면적(㎡)	제조시설연적(㎡)	부대시설연적(㎡)
	33.35	212.69	117.2	95.49
입 주 형 태	□ 분양	□ 임차	□ 양수도	■ 기타
제2 소재지	상 동		연락처 :	

위 업체에 관하여 성남산업단지관리공단 이사장을 "갑"(이하 "갑") 이라
하고, 부동산 임대사업을 하기 위하여 입주(변경)계약을 하는 업체를 "을"(이하
"을")이라 한다.

제1조 【입주자격】 "을"은 산업집적활성화 및 공장설립에 관한 법률 시행령 제6조
및 법 제28조의5 및 관리기본계획에서 정하는 산업단지 입주자격을 갖춘
자로 한다.

제2조 【입주계약의 기간】 "을"은 법 제48조의4에 관리기관과 임대사업자가 체결
하는 입주계약기간은 5년(단, 지식산업센터의 경우에는 1년)으로 한다.

제8조 【의사표시 및 통지의무】
1. 계약의 해지 등 이 계약과 관련한 각종 의사표시는 서면으로 하여야 한다.
2. "을"은 이 계약체결일 이후 주소 또는 사무실의 소재지를 변경한 때에는 10일 이내에 "갑"에게 서면으로 통보하여야 한다. 이를 이행하지 아니할 경우 "갑"은 "을"에 대한 제반 의사표시 및 통지를 종전주소지로 발송하며, 발송 후 10일이 경과함으로써 그 효력이 발생하는 것으로 추정하며 이에 대한 불이익은 "갑"이 책임지지 아니한다. 또한 계약서상의 주소가 부정확한 경우에도 이와 같다.

제9조 【제 법규의 준수】 "을"은 산업집적활성화 및 공장설립에 관한 법률과 관계된 법령은 물론, 관리공단 정관 및 규약과 제 규정을 준수하여야 한다.

제10조 【해석】 본 계약서에 명시되지 아니하였거나 계약서상 해석에 이의가 있을 때에는 "갑"의 결정에 따른다.

제10조 【관할법원】 본 계약에 관한 소송은 "갑"의 소재지 관할 법원으로 한다.

제11조 【추가약정】 "갑"은 본 계약서 이외에 "을"이 본 계약 이행을 위하여 필요하다고 인정할 때에는 본 계약서의 부속으로 별도 추가약정을 받을 수 있다.

위 각 조항을 준수하여 향후에 증명하고자 본 계약서를 2부 작성 후 각기 서명 날인하여 "갑" "을"이 각 1부씩 보관토록 한다.

2015 년 12 월 2 일

"갑" 주 소 : 경기도 성남시
    성 명 : 사단법인 성남산업단지관리공단 이사장 (인)

"을" 주 소 : 성남시 중원구
    업체명 :
    대표자 :

o

산단지역 내 임대사업을 위한 다른 방법은 없을까?

산업단지 내에서 임대를 주는 업체들의 통계를 따져보면 제법 많다. 일례로 성남산업단지공단 홈페이지에 나와 있는 현황을 보면, 2015년 기준 전체 3,850개 업체 중 687개 업체, 즉 17.8% 업체가 임대업으로 나와 있다.

입주업체 세부 내용

(2015년 12월 31일 기준)

구분/단지	입주업체	가동업체	미가동			
			소계	건설중	휴업	임대업
총계	3,850	3,152	698	1	10	687
일반공장 소계	340	282	58	1	10	47
지식산업센터 소계	3,510	2,870	640	-	-	640

이 많은 업체들이 어떻게 산업단지 내에서 임대업을 할 수 있을까? 이 부분에 대해서 한번 알아보자.

① 소유하고 있는 공간 중 일부를 임대하는 경우

어느 회사가 사업을 위해 1개 층 전체를 분양 또는 매매를 했다. 사업을 시작했고 운영을 하는데, 실제로는 계획과 틀리게 전체 층이 전부 필요한 것은 아니어서 한두 호실이 남게 되었다. 그러면 이 회사는 남은 호실을 그냥 비워 놓아야 할까?

호실을 비워 놓으면 관리비도 나가고 은행 이자도 나가고 큰 손실이 발생한다. 그래서 이런 경우에는 일부 안 쓰는 공간에 대해서 임대가 가능하다. 물론 산업단지공단에 사전에 허가를 받아야 한다.

② 현재 세입자가 있는 호실을 매매하는 경우

공단 내의 지식산업센터를 매입 시 간혹 현재 세입자가 있는 경우도 있고, 매도인이 당분간 사업을 계속하고 1~2년 후에 빠지는 경우가 있다. 또한 당장은 필요한 공간이 없지만 사업 확장을 위해서 미리 사놓는 경우도 있다.

현재 세입자가 있고 전 소유자와의 계약기간이 남아 있는 경우는, 현실적으로 법적 소유권은 나에게 넘어오지만 내가 공장등록이나 실사를 받을 수 없는 상황이다. 이 경우에는 입주계약, 공장등록, 실사 등이 현 세입자가 있는 동안에는 유예된다. 「산업집적활성화 및 공장설립에 관한 법률」보다 특별법인 「상가건물임대차보호법」이 우선시되기 때문이다. 현재 임차인이 있는 경우 임차인은 최장 10년까지 임대기간을 보장받을 수 있다.

다시 말해 현재 임차인이 세를 들어 있는 건물을 매입했는데, 임차인이 현재 2년째 임차를 하고 있다. 이때 계속해서 임차인이 임차를 원하면 앞으로 8년 후까지는 임차인이 쓸 수 있기 때문에 그 기간에 한해서 직접 사용하지 않아도 괜찮다는 것이다.

「상가건물 임대차보호법」은 상가건물의 임대차에 대한 「민법」의 특별법이다. 따라서 상가건물 임대차에 대해서는 「상가건물 임대차보호법」의 규정이 「민법」보다 우선적으로 적용되고, 그 밖의 일반사항에 관해서는 「민법」 채권편의 임대차에 관한 규정이 적용된다.

1. 임대차 기간 보장
기간을 정하지 않았거나 기간을 1년 미만으로 정한 상가건물 임대차는 그 기간을 1년으로 봅니다. 다만 임차인은 1년 미만으로 정한 기간이 유효함을 주장할 수 있습니다(「상가건물 임대차보호법」 제9조제1항).

2. 임차인의 계약갱신 요구
전체 임대차기간이 10년을 초과하지 않는 한 임차인이 임대차기간이 만료되기 6개월 전부터 1개월 전까지 사이에 계약갱신을 요구할 수 있고, 임대인은 정당한 사유가 없는 한 이를 거절할 수 없습니다(「상가건물 임대차보호법」 제10조제1항·제2항).

③ 산업단지공단에 신고 없이 임대사업을 하는 경우

산업단지 내의 지식산업센터를 구입해 공단에 허가를 받지 않은 상태로 바로 임대를 주는 사례도 가끔 있다. 소유주가 법을 모르고 하는 경우도 있지만, 알고도 그냥 산단법을 무시하고 임대사업을 하는 사람도 있다. 이 경우 임차하는 업체가 공장등록이 필요 없으면 당장 특별한 문제가 발생되지 않을 수 있다.

문제는 임차한 업체가 공장등록이 필요한 경우다. 임차업체도 반드시 산업단지공단에 신고 및 허가를 받아야 하기 때문이다. 이때 소유주에 대한 공장등록 여부 등을 알 수 있고, 공단에서는 허가를 내주지 않기 때문에 문제가 된다. 공장등록이 필요 없는 경우에는 임차업체가 세무서에만 사업자등록증을 내기 때문에 공단에서는 알 수가 없다.

하지만 만약 적발되면 「산단법」에 의해 과태료를 내야 한다. 「산업집적활성화 및 공장설립에 관한 법률」 제52조에 의거 '입주계약을 체결하지 않고 제조업 또는 그 외의 사업을 한 자는 3년 이하의 징역 또는 1,500만 원 이하 벌금에 처한다.' 법적 문제가 생기지 않도록 주의하자.

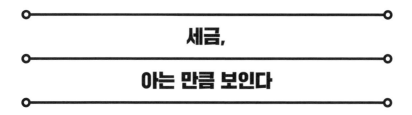

세금,
아는 만큼 보인다

부동산은 취득, 보유, 양도하는 과정에서 각각 세금이 항상 같이 따라온다. 지식산업센터도 과정마다 세금에 대해서 잘 알아야 손해를 보거나 과태료를 물지 않는다. 지식산업센터는 우리가 일반적으로 알고 있는 주택과 세금이 다르게 책정된다. 각 과정에서 발생하는 세금에 대해서 지금부터 알아보자.

○

지식산업센터의 취득 시 세금

지식산업센터는 상업용 건물에 해당하므로 취득 시에는 기본적으로 4.6%의 취득세가 발생한다. 참고로 주택은 면적과 금액에 따라서 1.1~3.5%까지 세금이 부과된다. 이렇게 발생한 취득세는 부동산을 취득한 날로부터 60일 이내에 해당 시·군·구에 신고, 납부해야 한다. 만약 이 기한을 넘기면 신고(20%) 및 납부(1일 10만분의 25) 불성실 가산세를 부담해야 한다.

지식산업센터 취득세

구분			취득세	농어촌특별세	지방교육세	합계세율
6억 원 이하 주택	85m² 이하		1%	비과세	0.1%	1.1%
	85m² 초과		1%	0.2%	0.1%	1.3%
6억 원 초과 9억 원 이하 주택	85m² 이하		2%	비과세	0.2%	2.2%
	85m² 초과		2%	0.2%	0.2%	2.4%
9억 원 초과 주택	85m² 이하		3%	비과세	0.3%	3.3%
	85m² 초과		3%	0.2%	0.3%	3.5%
주택 외 매매(토지, 건물 등)			4%	0.2%	0.4%	4.6%
원시취득, 상속(농지 외)			2.8%	0.2%	0.16%	3.16%
무상취득(증여)			3.5%	0.2%	0.3%	4%
농지	매매	신규	3%	0.2%	0.2%	3.4%
		2년 이상 자경	1.5%	비과세	0.1%	1.6%
	상속		2.3%	0.2%	0.06%	2.56%

(자료: 국세청, 2019부동산과 세금)

지식산업센터는 기본적으로 취득 시 4.6%의 세금을 내야 하지만 정부에서는 중소기업의 기업활동을 돕기 위해서 「지방세 특례제한법」을 통해 세금감면, 정책자금 지원 등을 해주고 있다. 2022년 12월 31일까지 최초로 지식산업센터를 분양받아 사용하는 중소기업에 대해서 취득세의 50%, 재산세의 37.5%를 감면해주는 제도가 있다(「지방세 특례제한법」 제58조의2). 다만 정당한 사유 없이 취득일부터 1년이 경과할 때까지 해당 용도로 사용하지 아니하거나, 취득일부터 5년 이내에 매각·증여 또는 다른 용도로 사용하는 경우에는 감면된 세액을 추징한다(임대사업자는 해당되지 않는다).

한 가지 알아두어야 할 사항이 있다. 지식산업센터는 상업용 건물이므로 분양, 매매 등으로 취득 시에는 건물분에 대해서 10%의 부가세가 발생한다. 이는 사업자등록 후에 부가세 환급을 통해 회수가 가능하다.

○

지식산업센터의 보유 시 세금

지식산업센터의 보유 시에는 재산세와 관련된 부가세가 발생한다. 다만 주택과 다르게 종합부동산세는 부과되지 않는다.

재산세

재산세는 매년 6월 1일 현재 토지와 건물 등을 사실상 보유한 자에 대해 부과되는 세금으로 하반기에 2번에 나누어서 내게 된다.

납부기한

대상	납부기한	납부방법	소관기관
건물분 재산세· 주택분 재산세 1/2	7월 16일~7월 31일	고지납부	시청·군청·구청
토지분 재산세· 주택분 재산세 1/2	9월 16일~9월 30일		

※ 주택분 재산세액이 10만 원 이하일 경우 7월에 전액 고지할 수 있음

과세표준

구분*	과세대상	시가표준액**	재산세 과세표준
주택분	주택과 부속토지	주택 공기가격	시가표준액×공정시장 가액비율(60%)
건물분	일반건물	지방자치단체장이 결정한 가액	시가표준액×공정시장 가액비율(60%)
토지분	종합합산토지	개별공지시가×면적(㎡)	시가표준액×공정시장 가액비율(70%)

* 주택분과 건물분 재산세는 물건별 과세, 토지분 재산세는 인별 관내 합산하여 과세
** 시가표준액: 조세부과를 목적으로 부동산의 가치를 평가한 가액으로 지방세 및 국세의 과세기준으로 사용
※ 주택분과 건물분의 재산세는 1채 물건별 개별과세
※ 토지분 재산세는 지방잔치단체별 관내 토지를 인별로 합산하여 과세

(자료: 국세청 2019부동산과 세금)

지방교육세

지방교육세는 재산세에 부가해 과세되며, 재산세 납부세액의 20%를 부과한다.

재산세 도시지역분

도시계획에 필요한 비용을 충당하기 위해 지정한 토지, 건축물에 부과

하는 세금이며, 재산세 과세표준의 0.14%를 부과한다.

지역자원시설세

지역자원시설세는 지역의 균형개발 및 수질개선과 수자원보호 등에 드는 재원을 확보하거나 소방시설, 오물처리시설, 수리시설 및 그 밖의 공공시설에 필요한 비용을 충당하기 위해 부과되는 지방세다.

○
지식산업센터의 양도 시 세금

지식산업센터의 양도 시에는 주택과 다른 규칙이 적용된다. 1년 미만 보유 시에는 50%, 1년 이상~2년 미만은 40%이며, 2년 이상 보유 후 매도해야 일반세율이 적용된다.

다만 지식산업센터는 상업용 건물이므로 양도 시 건물분에 대해서 10%의 부가세가 발생하며, 보통 양도 시 매수자에게 10%를 매매가에 추가해서 매도하므로 매도자의 부담은 없다.

○
임대 시 알아두어야 할 사업자등록 및 부가세

지식산업센터를 임대하는 경우에는 반드시 개인 또는 법인 사업자등록을 해야 하며, 같은 건물에 있는 것이 아니면 각각의 지식산업센터에

재산세 · 지역자원시설세 세율표

구분	과세대상	과세표준	세율	비고
재산세	주택	6천만 원 이하	0.1%	별장 4%
		1억5천만 원 이하	6만 원+6천만 원 초과금액의 0.15%	
		3억 원 이하	19만5천 원+1억5천만 원 초과금액의 0.25%	
		3억 원 초과	57만 원+3억 원 초과금액의 0.4%	
	건축물	골프장·고급오락장	4%	과밀억제권역 안의 공장 신·증설 (5년간 1.25%)
		주거지역 및 지정지역 내 공장용 건축물	0.5%	
		기타건축물	0.25%	
	나대지 등 (종합합산과세)	5천만 원 이하	0.2%	
		1억 원 이하	10만 원+5천만 원 초과금액의 0.3%	
		1억 원 초과	25만 원+1억 원 초과금액의 0.5%	
	사업용토지 (별도합산과세)	2억 원 이하	0.2%	
		10억 원 이하	40만 원+2억 원 초과금액의 0.3%	
		10억 원 초과	280만 원+10억 원 초과금액의 0.4%	
	기타토지 (분리과세)	전·답·과수원·목장용지 및 임야	0.07%	
		골프장 및 고급오락장용 토지	4%	
		위 이외의 토지	0.2%	
지역자원시설세	건축물	600만 원 이하	0.04%	화재 위험 건축물 중 4층 이상 10층 이하는 당해세율의 2배 중과세, 11층 이상은 3배 중과세
		1,300만 원 이하	2,400원+600만 원 초과금액의 0.05%	
		2,600만 원 이하	5,900원+1,300만 원 초과금액의 0.06%	
		3,900만 원 이하	13,700원+2,600만 원 초과금액의 0.08%	
		6,400만 원 이하	24,100원+3,900만 원 초과금액의 0.10%	
		6,400만 원 초과	49.100원+6,400만 원 초과금액의 0.12%	

(자료: 국세청 2019부동산과 세금)

지식산업센터 양도소득세 세율

구분		세율
보유기간	1년 미만	50%
	2년 미만	40%
	2년 이상	기본세율

소득세법 기본세율

과세표준	기본세율	누진공제
1,200만 원 이하	6%	
1,200만 원 초과~ 4,600만 원 이하	15%	108만 원
4,600만 원 초과~ 8,800만 원 이하	24%	522만 원
8,800만 원 초과~ 1억5천만 원 이하	35%	1,490만 원
1억5천만 원 초과~ 3억 원 이하	38%	1,940만 원
3억 원 초과~ 5억 원 이하	40%	2,540만 원
5억 원 초과	42%	3,540만 원

(자료: 국세청, 2019부동산과 세금)

별도로 사업자등록을 해야 한다. 예를 들어 같은 건물 3개 호(701, 702, 503호)를 보유한다면 하나의 사업자등록으로 가능하지만, A건물 203호, B건물 205호를 보유할 경우 각각의 사업자등록이 필요하다. 사업자등록은 매매계약서, 분양계약서, 등기부등본 등을 가지고 해당 물건 주소지 세무서에 가서 등록이 가능하다.

부가가치세

상품(재화) 등을 판매하거나 서비스(용역)를 제공하면 부가가치세를 납부해야 한다. 부가가치세는 '매출세액 – 매입세액'이다.

구분	일반과세자*
매출세액	공급가액×10%
세금계산서 발급	발급 의무 있음
매입세액 공제	전액 공제
의제매입세액 공제	모든 업종에 적용

* 1년간 매출액 4,800만 원 이상이거나 간이과세 배제되는 업종·지역인 경우

(자료: 국세청, 2019년 상반기 신규사업자가 알아두면 유익한 세금정보)

지식산업센터를 임대 주는 경우에는 매달 발생하는 월세에 대해서 10%의 부가세를 추가해 세금계산서를 발행해야 한다. 따라서 임대차계약 시 계약서에 "월 임대료는 ○○원으로 하며, 임대료에는 부가세가 별도임"이라는 문구를 반드시 넣는다.

모든 법인과 직전년도 매출이 3억 원 이상인 경우 반드시 전자세금계산서를 발행해야 하며, 일반적인 지식산업센터의 임대사업자는 부가세는 1년에 2번(상반기, 하반기) 신고 및 납부를 해야 한다.

월세 이외에 지식산업센터의 시설투자, 수리 등의 비용이 발생한 경우

에는 상대 회사로부터 세금계산서를 받아야만 경비처리가 가능하다. 부
가세 부분도 임대료에서 발생한 부가세와 상쇄가 가능하다.

소득세

지식산업센터의 임대를 통해 발생하는 소득에 대해서는 개인사업자,
법인사업자 모두 소득세를 신고 및 납부해야 한다. 다른 소득(근로·사업·
배당·이자·연금·기타소득)이 같이 있는 개인사업자는 종합소득세를 다음해
5월 1일~5월 30일에 납부해야 한다. 주택은 2019년부터 연간 2천만 원
이하의 소득에 대해서 분리과세하며, 2천만 원 초과분은 종합소득세에
합산한다.

장부의 기장 여부

직전년도 수입금액이 연간 7,500만 원 미만의 부동산 임대업자는 간
편장부 대상이 되며, 간단히 국세청 홈텍스 사이트에서 신고가 가능하
다. 또한 부동산 임대업은 직전 과세기간 수입금액이 2,400만 원 이하인
경우에는 기준경비율에 따라 세금계산이 가능하다.

Tip
기준경비율 제도

장부를 기록하지 않는 사업자의 소득금액을 추계로 결정, 경정하는 경우 수입금액에서 필요경비를 공제하여 소득금액을 계산함에 있어 주요경비(매입비용, 임차료, 인건비)는 증명서류에 의해 인정하고 나머지 비용은 기준경비율에 의해 필요경비를 인정하는 제도

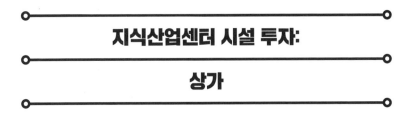

지식산업센터 시설 투자:
상가

○

지식산업센터 내의 상가

최근 수도권 지식산업센터의 분양이 많아지면서, 지식산업센터 내의 상가에 대한 분양도 활발하게 이루어지고 있다. 필자에게도 지식산업센터 내 상가를 분양받아야 할지 말아야 할지, 분양받았다면 계속 가지고 가야 할지 중간에 전매로 넘겨야 할지에 대한 문의가 많이 온다.

지식산업센터 내의 상가는 일부 업종 및 독점상가를 제외하고서는 한정된 수요와 영업 가능시간 부족으로, 공실로 오랫동안 유지하거나 장사가 잘 되지 않아서 손해를 보기 때문에 이 특성을 잘 알고 접근해야 한다.

지역에 상관없이 분양, 매매 및 임대사업이 가능

산업단지에 위치하는 지식산업센터는 일반인들이 분양, 매매, 경매 등의 방법으로 취득해도 임대사업이 제한된다. 그러나 상가는 산업단지 내의 지역이라 할지라도 근린생활시설로 들어가기 때문에 이러한 제한이 전혀 없다. 일반 임대사업자들이 더욱더 상가에 관심을 갖는 이유일 것이다.

① 제조업, 지식기반산업, 정보통신산업, 그 밖에 특정 산업의 집단화와 지역경제의 발전을 위하여 산업단지 관리기관 또는 시장, 군수, 구청장이 인정하는 사업을 운영하기 위한시설

② 벤처기업을 운영하기 위한 시설

③ 그 밖에 입주업체의 생산활동을 지원하기 위한 시설로써(이하 '지원시설') 금융, 보험업시설, 기숙사, 근린생활시설 등의 시설이다.

세 번째 항목에 해당하는 지식산업센터 내 근린시설에는 주로 은행, 편의점, 문구점, 부동산, 음식점, 커피숍, 병원, 영화관 등 다양한 시설들이 들어오게 된다. 여기에서 직접 운영 또는 임대사업이 가능하다.

수요와 영업시간

상가에서 가장 중요한 요소는 수요다. 그 상가를 과연 이용이 가능한 고객들이 얼마나 되는가 여부에 따라서 매출과 이익이 결정된다. 지식산업센터는 대부분 단지를 이루거나 주택가와는 좀 떨어져 있는 곳에 많

이 위치한다. 따라서 일반 오피스 지역이나 상업지역, 아파트 단지 등을 끼고 있는 곳을 제외하고는 거의 대부분이 지식산업센터 내의 상주인원이 곧 수요가 된다.

요즘 새로 생기는 지식산업센터는 대략 연면적 1만5천~8만 평까지 다양하다. 연면적 2만 평 기준으로 대략 내부 상주인원은 2천 명 정도라고 볼 수 있다. 2천 명 기준이면 적지는 않은 인원이다. 하지만 다음 2가지점을 고려해야 한다.

첫 번째, 지식산업센터 입주율이다. 지식산업센터는 일반 아파트와 다르게 준공 후 입주까지 최소 3개월에서 최대 2년까지의 시간이 필요하다. 즉, 초기에는 상주인원이 굉장히 적기 때문에 지식산업센터 내 상가의 수요가 다 채워지기까지는 시간이 많이 소요될 수 있다.

두 번째, 지식산업센터 근무시간이다. 지식산업센터를 이용하는 대부분의 사람들은 직장인들이다. 최근 사회적으로 근로시간 단축으로 인해서 평일 저녁과 주말에는 근무하는 인원이 거의 없다. 그렇기 때문에 실질적인 영업 가능시간은 오전 8시 30분~오후 6시까지밖에 되지 않는다. 또한 근무시간 중에 이용하는 상가는 거의 정해져 있어 확장성이 없다.

독점업종 및 독점상가

지식산업센터 내의 상가는 일반 사무실이나 공장용도에 비해 분양가격이 비싸다. 시행사 입장에서는 상가가 많으면 수익이 더 많아지기 때문에 가능한 한 상가 수를 늘리기를 원한다. 따라서 실제 필요량보다도 많은 상가의 분양으로 이어지고, 일부 호실을 제외하고는 장사가 잘 되지 않는다.

또한 상가의 몇몇 호실은 독점호실로 높은 가격에 분양을 하게 된다. 독점호실은 편의점, 부동산, 문구점, 커피숍 등이다. 이들 호실을 제외하고는 동일한 업종의 상가 운영이 불가하므로 적절한 가격과 수요가 있는 곳은 장사가 잘 되기도 한다.

잘 고른 독점상가로 실제로 대박이 난 사례도 있다. 경기도의 용인지역의 한 지식산업센터는 단지 내에 하나의 편의점밖에 없고, 주위에 슈퍼나 편의점이 없어서 한 달 이익이 천만 원 이상이라고 말한다. 이곳의 매매가와 임대료는 처음 분양 시보다 2배 이상으로 올랐다.

○

상가 투자 실전 사례

지금부터는 실제 사례를 통해서 지식산업센터 내의 상가에 대해 알아보고자 한다. 에이스 광교 지식산업센터 내 상가다.

입지

신분당선 광교(경기대)역에서 230m 정도 떨어진 곳에 위치해 있다. 주위에는 상업지역으로 상가, 사무실 등이 있으며, 길 건너편에는 상가주택단지가 있다. 강남역까지는 신분당선 이용 시 30분 이내의 거리로 지하철로 서울 강남, 성남 분당, 판교 등에서 출퇴근이 가능하다.

대중교통 이용 시

자가용 이용 시

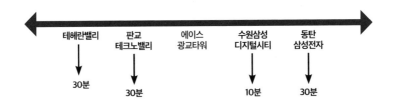

테헤란밸리	판교 테크노밸리	에이스 광교타워	수원삼성 디지털시티	동탄 삼성전자
30분	30분		10분	30분

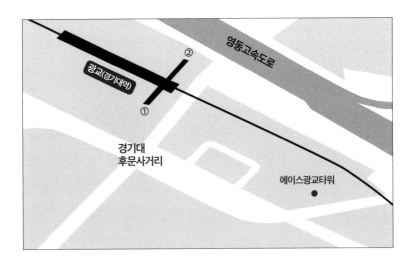

건물 개요

연면적은 약 14,100평, 지하 3층~지상 10층의 중소형 지식산업센터다. 건물 내 상주인원은 대략 1,300~1,500명 정도다.

지식산업센터 및 상가의 입주율

현재 지식산업센터의 경우 공실이 없다. 신분당선 이용이 가능하고, 전철역에서 도보로 10분 이내 거리로 입지가 좋기 때문이다. 임대 수요가 많아서 대기 수요가 많으며, 입주 후 몇 년 지나지 않아서 매매건도 많지 않다.

지식산업센터 실입주사가 취득세, 재산세 등을 혜택을 받은 경우 5년간은 팔 수가 없다. 5년 내 매매 시 세금혜택을 토해내야 한다. 또한 초기에 임대사업자의 경우에는 취득세 4.6% 및 인테리어 비용 등 투자비용이 많이 들었고, 임대수익률이 좋아서, 당장은 매매에 나서는 사람이 많지 않을 것이다.

반면 지식산업센터 내 상가는 아직까지도 공실이 굉장히 많다. 독점호실인 편의점, 부동산을 제외하고는 2년이 넘게 지난 지금까지도 공실이 많다.

왜 지식산업센터는 공실이 없는데, 상가는 공실이 많을까?

첫 번째, 지식산업센터의 다양한 혜택 때문에 사무실, 연구실 등으로 사용하려는 수요가 일반 오피스에 비해 상태적으로 많은 편이다.

지식산업센터와 일반 오피스 비교

구분	지식산업센터	일반 오피스
법상 용도	지식산업센터	업무시설
세제혜택	취득세 50%, 재산세 37.5% 감면	세제혜택 없음
부가세 환급	환급 가능	환급 가능
공간의 활용	발코니 서비스 면적 추가 사용	서비스 면적 계획 불가

두 번째, 지식산업센터 내 상가의 경우 기본 연면적이 최소 2만 평 이상이 되어야 어느 정도 수요가 있다. 하지만 에이스광교1차의 연면적은 14,100평 정도로 그리 크지 않기 때문에 자체적으로 상가의 수요를 채우기가 힘들다. 또한 주위에 상업용 건물이 몇 개 있어서 지하철역을 이용해 출퇴근하며 필요한 다른 건물 상가를 이용하기가 쉽다.

세 번째, 지식산업센터에 비해 상가의 분양가가 굉장히 비싸다. 상가는 평균 분양가가 1,700만 원 이상으로 일반 지식산업센터 호실에 비해서 2~3배 수준이었다. 지식산업센터는 분양가가 평당 580만~600만 원 수준이다.

이러한 이유로 지식산업센터는 공실도 없고 임차 대기 수요가 있으나, 상가는 편의점, 부동산 등을 제외하고는 언제 채워질지 모르는 상황이다.

최근 방문했던 용인의 테크노밸리도 준공 후 2년이 지났지만 전체 상가 중 20~30%만 업체가 들어와 있고, 나머지 호실들은 공실로 비워져 있었다. 용인테크노밸리는 지하층에 메가박스를 유치해서 운영하고 있지만, 지식산업센터 내의 상가 활성화에는 별 도움이 되지 않고 있다. 2017년부터 입주를 시작한 동탄테크노밸리 내 지식산업센터 상가도 입주 후 2년이 지났지만 상가 입주율은 20~30%밖에 되지 않는다.

지식산업센터 시설 투자: 기숙사 및 섹션오피스

○

지식산업센터 내의 기숙사

요즘 지식산업센터의 규모가 5만~10만 평까지 커지면서 기숙사 용도를 함께 분양을 한다. 과연 지식산업센터 내의 기숙사를 투자할 만한 가치가 있을까? 이 부분에 대해서는 분양할 때 담당자는 다음과 같이 설명한다.

첫째, 분양가가 저렴하다. 지식산업센터의 기숙사를 분양 시 주변 지역의 오피스텔에 비해서 평당 100만~200만 원 정도 싸게 분양된다. 그렇기 때문에 수요도 많고 수익성도 좋다는 것이다. 둘째, 지식산업센터 내 회사들의 기숙사로 사용 가능하다. 지식산업센터의 많은 제조공장과

기업체가 들어오기 때문에 기숙사 수요도 많다는 것이다.

그러면 과연 분양 담당자가 하는 이야기가 맞을까? 정확한 사실을 파악하기 위해서는 지식산업센터 내의 기숙사를 이용할 수요층을 알아야 한다.

생산라인이 있고, 2교대 또는 3교대가 이루어지는 공장은 보통 회사에서 기숙사를 얻어준다. 그렇기 때문에 이런 공장이나 업체가 많다면 그에 대한 수요는 어느 정도 있을 것이다. 하지만 수도권의 지식산업센터는 대부분 사무실, 연구실 등으로 이용된다. 전문적인 2교대 또는 3교대가 이루어지는 공장들은 들어오기 힘들다. 따라서 회사에서 기숙사를 얻어주는 곳은 많지 않다.

그리고 기숙사를 이용하는 수요층은 대부분 20~30대의 젊은층이다. 그런데 요즘 젊은 청년들의 특징 중 하나는 회사와 아주 가까운 곳에 사는 것을 그리 좋아하지 않는다는 것이다. 또한 지식산업센터는 저녁시간과 주말에는 일을 하는 사람들이 거의 없기 때문에 내부 상점이나 식당 등도 영업을 하지 않는다. 지식산업센터 내부의 기숙사에 산다면 불편한 점이 많아질 수밖에 없다.

결국은 지식산업센터 내 기숙사 용도의 주거공간이 제 역할을 하기 위해서는 지하철역과의 거리가 가깝고, 주변의 문화·상업시설과 가까워야 한다. 월세를 10만~20만 원 더 주더라도 기숙사 용도의 지식산업센터를 선택하지 않고 역세권이나 상업지구 내의 오피스텔을 선택하는 이유다.

그동안의 사례를 보더라도 지하철역과 상업시설과 가깝지 않은 곳의 기숙사 용도는 대부분 주거용으로 사용하는 것이 아니라 소호 사무실 용도로 사용되는 곳이 많다.

○

지식산업센터 내의 섹션오피스

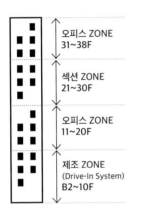

오피스 ZONE
31~38F

섹션 ZONE
21~30F

오피스 ZONE
11~20F

제조 ZONE
(Drive-In System)
B2~10F

최근 지식산업센터의 분양 시 빠지지 않는 것이 바로 섹션오피스다. 사용자가 원하는 크기로 분할 분양할 수 있는 섹션오피스는 전용면적 기준 10~15평이고, 분양은 1억~2억 원 사이에 되고 있다. 요즘은 분양 시 필수적으로 몇 개 층을 섹션오피스로 배치한다. 과연 이곳에 투자할 가치가 있을까?

분양사의 입장은 수요가 많다고 광고를 하지만 실제로는 분양가가 낮기 때문에 조기에 분양 완판을 목적으로 하는 경우가 많다. 투자자들 입장에서는 저렴한 금액의 분양가에 임대수익을 얻을 수 있다고 하니 관심을 가지고 분양을 받는 것이다.

하지만 이런 곳들은 정말 조심해야 한다. 준공이 끝나고 조그만 사무실이 한번에 많은 물량이 나오면 쉽게 입주자를 구할 수 없다. 결국은 당초 분양 당시 약속했던 월세를 받기도 힘들고, 장기간 공실로 방치되기도 한다.

　섹션오피스를 주로 사용하는 사람들은 스타트업 및 온라인 쇼핑몰을 운영하는 사람들과 1인기업들로, 주로 도심이면서 지하철 및 교통수단과의 접근성이 꽹장히 좋아야 그 수요를 채울 수 있을 것이다.

경제적 자유에 이르게 할
지식산업센터 투자

○

지식산업센터 투자의 모든 것

시중에 수많은 부동산 책이 범람하고 있다. 부동산 투자로 몇 채의 건물을 소유했다든가, 몇백억 원의 부자가 되었다는 사람들도 많다. 건물주, 임대업자를 꿈꾸며 사람들은 부동산 공부를 시작한다. 나는 지식산업센터 투자야말로 이 꿈에 한 발짝 다가가게 만들 수 있다고 생각한다. 책을 마무리하며 지금까지 알아본 지식산업센터 투자에 대한 모든 것을 정리하고자 한다.

지식산업센터는 동일 건축물에 제조업, 지식산업 및 정보통신산업을 영위하는 자와 지원시설이 복합적으로 입주할 수 있는 다층형(3층 이상) 집합건축물로서 6개 이상의 공장이 입주할 수 있는 건축물을 말한다. 2010년 4월 정보통신산업 등 첨단산업의 입주가 증가하는 현실을 반영해 기존 아파트형공장이라는 명칭을 지식산업센터로 변경했다. 대부분의 사람들이 아파트형공장으로 알고 있지만 「산업집적활성화 및 공장설립에 관한 법률」에 따라 아파트형공장의 법정용어는 '지식산업센터'다.

한 건물에 많은 업체들이 모여 있다 보니 함께 편의시설을 이용하며, 비슷한 업종과 규모의 기업들끼리 필요한 정보나 교육 등을 공유할 수 있다. 이렇듯 지식산업센터는 작은 회사가 누리지 못하는 혜택을 모아서 서로 공유하고, 통일된 인프라가 형성되어 있어 최근에 우리나라에서도 굉장히 많이 건축되고 있다. 우리나라에서는 가산·구로디지털단지, 성남산업단지, 안양군포, 동탄테크노밸리 등에 많이 들어서고 있다.

정부가 부동산 시장을 규제하기 위해 잇따라 부동산 대책을 발표하면서 사실 일반 주택에 투자하기가 어려워졌다. 이러한 상황에서 규제를 완화해 적용받는 수익형부동산인 상가, 지식산업센터 등이 주목받을 수밖에 없다. 그중에서도 지식산업센터에 투자자들이 몰리고 있다. 이런 지식산업센터의 매력은 무엇일까?

첫째, 대출이 잘 나온다. 지식산업센터는 중소기업과 지역경제 활성
화를 위해서 정부와 지자체에서 정책적인 지원을 해주고 있는데, 대출
역시 포함된다. 보통 분양가 또는 일반매매가의 60~80%까지 대출이 가
능하며, 경매로 시세보다 저렴하게 낙찰받는 경우에는 많게는 낙찰가
의 90%까지도 대출을 받을 수 있다. 규제지역이나 다주택자라 하더라
도 말이다.

둘째, 세금 감면제도와 부가세 환급이 있다. 지식산업센터를 최초 분
양을 받고 직접 사용하는 경우 취득세 50%, 재산세 37.6% 등의 세금 감
면을 받을 수 있다. 또한 법인세 감면 및 정책자금 지원 혜택도 누릴 수
있다. 예를 들어 과밀억제권역에서 과밀억제권역 밖으로 본사 이전하는
법인이라면 4년간 법인세 100% 감면 혜택을 주기도 한다. 부가세의 경
우 지식산업센터 분양이나 일반매매 시 건물분에 대해 붙는데, 조기환
급을 신청하거나 부가세 정산 시 환급 가능해 투자금이 적게 들어간다
는 장점도 있다.

셋째, 수익률이 좋다. 일반매매의 경우 대출 없이 보통 4~7% 정도 수
익률이 나오며, 대출을 받는다면 실제 투자금 대비 10~20%의 수익률도
가능하다. 만약 경매로 시세보다 싸게 낙찰받고 대출을 많이 받는다면

투자금 대비 수익률이 최대 20~50%까지도 나올 수 있다.

넷째, 가격이 일정하다. 상가는 1층이냐, 2층이냐, 3층 이상이냐, 또한 전면에 위치해서 가시성이 좋으냐, 아니면 후면에 위치하고 있느냐에 따라서 매매 및 임대 가격이 많게는 몇 배까지 차이가 난다. 하지만 지식산업센터는 층이나 방향이 다르다고 해도 매매 및 임대 가격 차이가 10% 이내다.

다섯째, 가격대가 다양하며 소액 투자가 가능하다. 지식산업센터는 한 건물에 다양한 평형대로 구성되어 있고, 지역에 따라서 아주 많은 상품들이 있다. 그렇기 때문에 저렴한 물건은 1억 원 중반대부터 평수에 따라 10억 원 이상까지 하는 등 투자금액의 차이가 크다. 각자 자금 상황에 따라서 선택해 투자할 수 있다. 특히 분양 시에는 계약금의 10% 정도만 있으면, 건축 기간인 2~3년까지 중도금 무이자 대출 등으로 부담 없이 투자가 가능하며, 입주 시 집단대출 또는 정책자금대출로 잔금납부가 가능해 투자금이 적게 들어간다.

이런 지식산업센터의 가격은 어떻게 형성될까?

첫 번째, 수요 공급에 따라 형성된다. 한 지역에 수요는 많은데 공급이 적으면 가격은 당연히 올라갈 수밖에 없다. 두 번째, 주변 지가 변동에 따라 형성된다. 세 번째, 투자 수요의 증가에 따라 형성된다. 투자 수요가 늘어 분양물량이 늘어나고 프리미엄에 따른 연속적인 분양가 상승으로 이어진다.

지식산업센터의 가격 형성에 영향을 미치는 요소들을 알아보자. 교통과 규모, 전용률이다. 가장 먼저 꼽는 것은 교통이다. 지식산업센터의 주차공간은 한정되어 있기 때문에 지식산업센터에 상주하는 대부분의 직원들은 대중교통을 이용해 출근한다. 따라서 지하철역과의 거리, 대중교통 이용의 편리성에 따라 같은 지역에서도 2배 이상 가격 차이가 나게 된다.

연면적은 클수록 좋다. 지식산업센터의 연면적이 클수록 편의시설과 공용시설을 더 크게 설치할 수 있어 환경이 쾌적해진다. 당연히 가격 상승에도 도움을 준다. 반면 전용률은 작을수록 좋다. 전용률이 낮아지면 실사용면적이 적어 분양가와 매매가는 높아지나 반대로 주차장, 공용시설, 편의시설의 면적이 넓어지기 때문에 실제 사용자의 만족도는 높아진다. 그렇다 보니 전용률이 낮은 지식산업센터일수록 신축인 경우가 많고, 매매가도 그만큼 높게 형성된다.

○
트렌드에 맞춰 진화하는 지식산업센터

　최근 수도권에서는 지식산업센터의 인기에 힘입어 분양물량도 가파르게 늘어나고 있다. 특히 신도시 택지지구에는 일자리 창출이라는 목표를 위해 대규모 지식산업센터 단지를 지정해 공급되고 있다. 기존에 지식산업센터의 건설은 주로 중소건설사의 특화된 영역으로 인식되었는데 2014년 이후 큰 규모의 건설업체(SK건설·한화건설·금강건설·현대건설 등)들의 참여가 이루어지며 분양물량이 늘어난 이유도 있다.

　지식산업센터의 트렌드도 바뀌고 있다. 새로 지어지고 있는 지식산업센터의 특징 중 하나가 바로 규모의 대형화다. 연면적 기준 5만~8만 평 이상의 지식산업센터가 속속 분양 중이다. 대표적으로 동탄2신도시의 금강펜테리움IX타워(연면적 86,733평), 기흥ICT밸리(59,801평), 광명역 GIDC(81,548평), 가산현대지식산업센터(8만 평) 등이 있다.

　지식산업센터가 대형화되고 있는 이유는 규모의 경제를 통해 많은 편의시설을 입점시켜 복합화 및 지역 내 랜드마크 효과를 얻을 수 있기 때문이다.

지식산업센터의 규모가 커지면서 다양한 시설들까지 복합적으로 구성되고 있다. 지식산업센터 내에 스트리트몰, 기숙사, 영화관, 도서관 등 다양한 편의시설을 배치하는 것이다. 단순히 일만 하는 공간이 아닌 지역 내의 주민들도 함께 이용할 수 있는 시설을 만들어 지식산업센터가 비게 되는 평일 저녁이나 주말에도 활용할 수 있도록 변하고 있다. 이는 통해 지식산업센터를 분양하는 건설사와 그 안에서 일하는 직장인들, 주위에 살고 있는 사람들 모두 만족도는 높아질 것이다.

그뿐만 아니라 최저임금 인상에 따른 인건비 인상, 52시간 근무제의 정착 분위기와 일과 삶의 균형을 원하는 워라밸 현상, 평생직장에 대한 개념이 희박해짐에 따라 1인기업의 창업이 증가하고 있다. 이에 따라서 기존 20~50평대의 비교적 여러 사람이 근무하는 평형의 사무실과 함께 전용평수 10평 수준의 소형 섹션오피스에 대한 분양이 늘어나고 있다. 투자자 입장에서도 분양가가 1억~2억 원 정도인 소형 사무실은 투자금 또한 적게 들면서 일정 금액의 월세수익도 얻을 수 있는 상품으로 인기가 높아지고 있다.

● 4차산업과 함께 지식산업센터를 주목하라

　전 세계적으로 4차산업혁명시대라고 이야기를 많이 한다. 4차산업혁명시대에 일자리 창출과 기술선점을 위해서는 우리나라에도 정보통신산업, 벤처기업, 스타트업 등이 활성화되어야 한다. 이런 기업들이 선호하는 곳이 바로 지식산업센터다. 그렇기 때문에 정부에서도 현재 오래된 산업단지를 첨단산업단지로 바꾸면서 지식산업센터에 대한 각종 지원과 활성화 정책을 내놓고 있다.

　새로운 택지지구를 개발할 때도 기본적으로 주거지역만 만드는 것이 아니라 일자리도 동시에 만들기 위해서 테크노밸리를 조성하고 있다. 이 테크노밸리에는 많은 수의 지식산업센터가 계획 및 조성되고 있다. 거기에 더해서 지식산업센터는 다른 부동산과 다르게 세금 감면, 정책자금 대출 등 많은 혜택이 주어진다.

　이러한 이유들이 더해져서 수도권의 지식산업센터는 수요와 공급이 함께 늘어나고 있다. 그만큼 앞으로 유망한 부동산 투자처가 바로 지식산업센터다. 하지만 최근 몇 년 사이에 공급이 급격히 늘어남에 따라 일정 시간의 안정화 기간이 필요하고, 좋은 입지와 상품이 지식산업센터와 그렇지 않느 곳의 차이가 점점 커지고 있는 실정이다. 이 책에서 다룬 많은 내용들을 잘 활용한다면 여러분은 성공적인 지식산업센터 투자를 할 수 있을 것이다.

지식산업센터에 투자하는 모든 사람들이 원하는 월세수익과 양도차익을 통해서 경제적 자유를 이루기를 바란다.

지원쌤 전희영

무조건 성공하는 지식산업센터 투자

초판 1쇄 발행 2019년 11월 25일
초판 3쇄 발행 2021년 5월 1일

지은이 | 전희영(지원쌤)
펴낸곳 | 원앤원북스
펴낸이 | 오운영
경영총괄 | 박종명
편집 | 최윤정·김효주·이광민·강혜지·이한나·김상화
마케팅 | 송만석·문준영·이태희
등록번호 | 제2018-000146호(2018년 1월 23일)
주소 | 04091 서울시 마포구 토정로 222 한국출판콘텐츠센터 319호(신수동)
전화 | (02)719-7735   팩스 | (02)719-7736
이메일 | onobooks2018@naver.com   블로그 | blog.naver.com/onobooks2018
값 | 15,000원
ISBN | 979-11-7043-041-4 03320

* 이 도서의 국립중앙도서관 출판예정도서목록(CIP)은 서지정보유통지원시스템 홈페이지
  (http://seoji.nl.go.kr)와 국가자료종합목록 구축시스템(http://kolis-net.nl.go.kr)에서 이
  용하실 수 있습니다.
  (CIP제어번호 : CIP2019045887)

* 원앤원북스는 독자 여러분의 소중한 아이디어와 원고 투고를 기다리고 있습니다.
  원고가 있으신 분은 onobooks2018@naver.com으로 간단한 기획의도와 개요, 연락처를 보
  내주세요.